UNE HISTOIRE

sous

ROBESPIERRE

PAR

EUGÈNE DE MIRECOURT

PARIS
HUMBERT, LIBRAIRE-ÉDITEUR
RUE BONAPARTE, 43
1863
Tous droits réservés.

UNE HISTOIRE

sous

ROBESPIERRE

PARIS, LIBRAIRIE. — HUMBERT, IMP. A MIRECOURT.

UNE HISTOIRE

sous

ROBESPIERRE

PAR

EUGÈNE DE MIRECOURT

PARIS
HUMBERT, LIBRAIRE-ÉDITEUR
RUE BONAPARTE, 43
—
1863
Tous droits réservés.

COURTE DÉDICACE

A un ami qui veut rester inconnu, — et pour cause.

Vous m'avez répété souvent, bien souvent, cher et vénérable maître, ces mots que j'imprime ici comme préface.

« — Quelle inqualifiable folie, disiez-vous, quel vertige sans nom pousse nos romanciers modernes à écrire tant de pages démoralisatrices? Est-il donc impossible à un auteur d'être littéraire, intéressant, de donner, en un mot, satisfaction au goût public, sans se déshonorer par de scandaleux tableaux et par un récit coupable? Des ouvrages comme *Madame Bovary*, comme *Fanny*, comme tant d'autres que je ne daigne pas nommer, sont le déshonneur et la honte de notre siècle. »

Oui, mon maître.

Ce siècle, digne frère du dix-huitième, est assis au banquet de la matière. Tout naturellement on le rassasie d'ordure. Il a ses cuisiniers de prédilection, qui assaisonnent le menu des épices de son choix : dévergondage de mœurs, fougue des passions brutales, cynisme abject, ivresse continue de la chair, délire et frénésie des sens. Comment, après cela, servir autre chose à de pareils convives?

J'essaierai pourtant, puisque vous le désirez et que vous m'en priez.

A vous donc, ainsi qu'à tous ceux dont l'âme répugne aux lectures immondes, à vous, cher et vénérable maître, la dédicace de ce livre.

EUGÈNE DE MIRECOURT.

Paris, 19 mars 1863.

modernes à écrire tant de pages démoralisatrices? Est-il donc impossible à un auteur d'être littéraire, intéressant, de donner, en un mot, satisfaction au goût public, sans se déshonorer par de scandaleux tableaux et par un récit coupable? Des ouvrages comme *Madame Bovary*, comme *Fanny*, comme tant d'autres que je ne daigne pas nommer, sont le déshonneur et la honte de notre siècle. »

Oui, mon maître.

Ce siècle, digne frère du dix-huitième, est assis au banquet de la matière. Tout naturellement on le rassasie d'ordure. Il a ses cuisiniers de prédilection, qui assaisonnent le menu des épices de son choix : dévergondage de mœurs, fougue des passions brutales, cynisme abject, ivresse continue de la chair, délire et frénésie des sens. Comment, après cela, servir autre chose à de pareils convives?

J'essaierai pourtant, puisque vous le désirez et que vous m'en priez.

A vous donc, ainsi qu'à tous ceux dont l'âme répugne aux lectures immondes, à vous, cher et vénérable maître, la dédicace de ce livre.

EUGÈNE DE MIRECOURT.

Paris, 19 mars 1863.

Avant-Propos

Vers la fin de l'année 1840, dans les parages du faubourg Saint-Germain, sous les antiques lambris d'un salon obstinément fidèle, je rencontrai une dame quasi septuagénaire, mais verte encore, et dont l'œil malin, l'esprit caustique, le sourire doucement moqueur offraient un attrait indicible, un parfum de bonne société contre lesquels on se trouvait sans défense. Le soldat s'électrise à l'odeur de la poudre et affronte les balles. De même les personnes qui entouraient la vieille duchesse de

Frenelle, attirées par le magnétisme de sa vive et piquante parole, voulaient l'entendre coûte que coûte et s'exposaient bravement au feu de ses épigrammes.

« Quiconque a beaucoup vu, dit le bon La Fontaine, peut avoir beaucoup retenu. »

La duchesse avait vu la cour de Louis XVI dans toute sa splendeur. Elle avait entendu les hurlements de la bête révolutionnaire, les éclats sinistres de l'orgie des Jacobins, la plainte des victimes, le coup de hache des bourreaux.

Devant elle avaient passé l'Empire avec sa gloire tapageuse, la Restauration avec ses miséricordes imprudentes. Les mêmes hommes s'étaient montrés à elle sous des faces diverses, tantôt vertueux et tantôt corrompus, tantôt fidèles et tantôt parjures. A force de fréquenter les coulisses du grand théâtre social, elle en démasquait les acteurs, les accablait de sarcasmes et les contraignait à rougir sous leur fard.

C'était une satire vivante, un Juvénal en falbalas et en robe de soie.

A l'intérieur de ses appartements, madame de Frenelle conservait des modes anciennes tout ce qui ne pouvait pas donner prise au ridicule. Elle portait le corsage étroit, la jupe à grands ramages et les mules à talons rouges. Ses cheveux d'une blancheur éclatante l'autorisaient depuis longtemps à quitter la poudre, et leurs boucles de neige s'échappaient encore avec une certaine coquetterie d'une cornette de point de Flandre.

Elle savait que je m'occupais de littérature.

Plus d'une fois, au milieu des cercles où j'avais fait sa rencontre, il m'était arrivé de glaner dans ses récits bon nombre d'anecdotes et d'histoires, que je m'étudiais à reproduire, en leur conservant autant que possible le charme exquis qu'elle mettait à les raconter.

Ce manége lui plut. Elle aimait à *se lire* dans les feuilles périodiques, et bientôt elle m'avertit que, les jours où elle n'irait pas dans le monde, je trouverais régulièrement chez elle un fauteuil au coin de l'âtre et une tasse de thé.

Fier de cette invitation, je négligeai, pour lui rendre de plus fréquentes visites, mes amis et mes connaissances.

Je désertai le salon de trois académiciens et les soirées intimes de quatre journalistes. Mes journées entières étaient consacrées au travail, et, le soir venu, je prenais le chemin du quai d'Orsay, où demeurait ma vieille amie.

Là, nous passions de longues heures à causer ensemble.

Son esprit était si merveilleusement cultivé, sa conversation si pétillante et si remplie tout à la fois de réserve et de délicatesse; elle ouvrait des aperçus tellement heureux; elle portait sur les hommes et sur les choses des jugements si vrais, si pittoresques, si profonds, que je ne me lassais jamais de l'entendre.

Madame de Frenelle avait assisté, comme je l'ai dit, à nos crises politiques.

Elle raisonnait sans préjugés, sans colère, maniant le sarcasme avec justesse et frappant toujours en pleine cible.

Je la vois encore, couchée plutôt qu'assise dans son vaste fauteuil, les deux pieds sur les chenets et les mains croisées à la hauteur du genou. Près d'elle, un charmant griffon s'étendait sur le tapis moelleux et tournait vers sa maîtresse une tête intelligente.

Ce qui m'émerveillait le plus chez l'aimable femme, c'était son caractère d'une égalité parfaite et sa gaieté sans mélange.

— Vraiment, lui dis-je un soir, je suis persuadé que vous n'avez jamais connu le chagrin et que votre longue carrière ne vous offre aucun souvenir pénible. Si l'on interrogeait scrupuleusement votre généalogie, peut-être trouverait-on que vous descendez de Démocrite en ligne directe : comme ce philosophe de désopilante mémoire, vous avez toujours le rire aux lèvres.

— Est-ce une épigramme? fit-elle, en me donnant de l'éventail sur les doigts. Vous trouvez que je m'écarte de la gravité que me prescrit mon âge. Rassurez-vous, Monsieur, je vais devenir sérieuse.

— Gardez-vous en bien! m'écriai-je.

— Pourtant, dit-elle, il faut que je m'y résigne, si je veux tenir la promesse que je vous ai faite de vous raconter mon histoire. En dépit des inductions que vous tirez de mon humeur joyeuse, j'ai laissé derrière moi dans le passé bien des malheurs et bien des larmes.

— Vous me surprenez étrangement, Duchesse. J'aurais cru que les Parques ne vous avaient filé que des jours d'or et de soie.

— Laissez les Parques où elles sont, mon ami, et renoncez à cette mauvaise habitude que conservent les meilleurs chrétiens d'emprunter au paganisme leurs métaphores. Pour rentrer dans la question, croyez-vous qu'un ciel pur et resplendissant vers le soir prouve que le matin n'ait pas été troublé par l'orage? La vie peut être sombre à son aurore et radieuse à son couchant. Si vous me demandez pourquoi le souvenir d'anciennes infortunes ne m'attriste plus aujourd'hui, je vous répondrai que c'est la vieille histoire du monde : ici-bas, le chagrin s'efface au premier sourire du bonheur.

— Oui, Duchesse, et le plus grand bienfait de la Providence consiste dans cette facilité de l'oubli.

— Du reste, poursuivit-elle, une pensée chrétienne m'a toujours sauvée du désespoir. Où est l'homme qui osera comparer sa douleur à celle du grand martyr du Calvaire? Je n'ai rien fait, me disais-je, pour m'attirer les maux que j'endure, et la justice divine m'accordera quelque jour un dédommagement. Sur les flots soulevés par la tempête, le marin voit son frêle navire prêt à descendre au fond de l'abîme ;

tout à coup la main du Seigneur calme la vague menaçante, fait taire les vents et pousse le navire au port.

Elle prit, à ces mots, la théière de vermeil, remplit ma tasse et la sienne, et s'enfonça de nouveau dans son fauteuil.

Je devinai qu'elle allait entamer l'histoire promise.

C'était le cas d'écouter religieusement, car j'avais d'avance la permission d'en faire ce livre, que je présente à mes lecteurs. J'annonce en même temps aux démagogues du dix-neuvième siècle qu'il est loin d'être écrit au point de vue de leurs idées, de leurs sympathies et de leurs espérances.

Ils ne diront pas que je les prends en traître.

I

De quelle manière agréable M. le procureur Antoine de Sézanes lia connaissance avec sa nièce.

Je me nomme Marguerite de Sézanes, commença la duchesse, et le jour de ma naissance fut celui de la mort de ma mère.

A peine étais-je âgée de quatre ans, que M. de Sézanes, ennuyé de son vieux manoir, le quitta pour aller rejoindre la troupe désœuvrée des courtisans de l'époque.

Il voulut m'emmener avec lui, malgré mon jeune âge.

Les premières impressions que produisit sur moi l'aspect de la cour sont restées fortement gravées dans mon souvenir.

Encore aujourd'hui, si mon imagination me représente le ciel, je le peuple de palais d'une imposante architecture et tout rayonnants de gerbes de lumière, comme celui de Versailles m'apparaissait alors, quand la jeune reine éveillait d'un regard tous les échos harmonieux de sa demeure. J'y plante ces grands arbres sous lesquels venait s'ébattre la troupe dorée des courtisans, ces hautes charmilles qui abritaient de leur toit de verdure les marquises en paniers et en robes de brocart. J'y vois aussi ces larges bassins, où les cygnes, sous un beau soleil, nageaient dans des flots d'or et d'azur, caressant de leurs plumes de neige la croupe de bronze des tritons et la queue recourbée des sirènes.

Mon père, qui venait d'être nommé gentilhomme de la chambre, avait son appartement au château.

Toute petite fille, je courais sur les pelouses du parc comme les faons apprivoisés; ou bien je me perdais sous les vastes galeries de la royale demeure, au grand désespoir de ma gouvernante, qui ne pouvait plus me retrouver au milieu d'un labyrinthe inextricable de salons inconnus.

Un jour, il m'en souvient, je trompai la surveillance des gardes, et je pénétrai dans une chambre magnifique, où j'aperçus un homme et une femme, assis l'un près de l'autre, et causant familièrement sur un sofa de tapisserie.

C'étaient Louis XVI et Marie-Antoinette.

Le roi avait un habit de velours bleu de ciel; la reine portait une robe de damas rose et souriait à son auguste époux.

Je restai sur le seuil de la porte, confuse, embarrassée, ne sachant en présence de qui je me trouvais, mais étrangement saisie par la majesté du lieu.

Tout à coup Marie-Antoinette m'aperçut et s'écria :

— Sire, voyez donc la charmante enfant?

Puis elle vint à moi, joyeuse et légère, m'enleva dans ses bras et me mit à califourchon sur un genou du roi. Tous les deux m'embrassèrent.

La reine m'adressa des questions avec une douceur qui m'encouragea.

Aussitôt je bavardai comme une perruche, et je leur racontai comme quoi ma gouvernante me cherchait toujours et ne me trouvait jamais, tant j'avais soin de bien choisir mes cachettes. Mon espièglerie les fit rire. Ils m'embrassèrent encore et me congédièrent chargée de pralines.

Ce jour-là, je fus grondée et battue en rentrant au logis.

Une grande femme, tout habillée de velours et coiffée de diamants, que jusque-là je n'avais jamais vue chez mon père, me souffleta d'importance, déclarant en outre, sur un ton très-haut, qu'il fallait me renvoyer en province.

Je partis, en effet, pour Sézanes, où je restai sous la garde de ma gouvernante et d'un vieux serviteur, appelé Joseph Brabançon.

Figurez-vous un énorme personnage aux allures de mastodonte, court, trapu, dont les jambes, semblables à deux colonnes torses écrasées et massives, soutenaient difficilement la masse prodigieuse du reste de son corps. Au-dessus de cet édifice humain se trouvait juchée la tête la plus exorbitante que j'aie vue de ma vie. C'était une espèce de sphéroïde allongé, percé de deux petits yeux d'un gris clair et d'une bouche dont les coins se perdaient sous des joues d'un embonpoint phénoménal. Ajoutez à ce visage de larges coutures, traces profondes de la petite vérole; donnez-lui pour nez une betterave, pour dents des racines de buis; couvrez le tout d'une perruque rousse, et vous aurez la ressemblance exacte du plus laid, mais du meilleur des hommes.

Joseph était le dévouement incarné.

Gravissant l'échelle des fonctions domestiques, il avait été nommé successivement marmiton, laquais, valet de chambre, puis intendant du château. Mon père, en lui confiant la garde de sa fille unique, prouvait assez quelle confiance il avait en lui.

Ce fidèle serviteur veilla sur mes jeunes années. J'ai grandi sous sa tutelle.

Ma gouvernante étant venue à mourir, je restai seule avec lui dans l'antique manoir des seigneurs de Sézanes.

A l'exception du curé du village, digne prêtre qui m'enseignait, outre le catéchisme, les premiers éléments de la syntaxe, nous ne recevions personne et nous vivions dans une complète solitude. Plus tard, nous augmentâmes notre train de maison. Joseph me choisit une femme de chambre et me fit venir de la ville une maîtresse de clavecin. Celle-ci à ses talents en musique joignait quelques connaissances en peinture, de sorte qu'à douze ans j'avais acquis à peu près toute l'instruction que recevaient les demoiselles nobles : je parlais passablement ma langue, je peignais les fleurs et le paysage, et je déchiffrais tant bien que mal la musique de Gluck.

Lors de la seule visite que nous fit mon père dans l'espace de huit années, il me trouva suffisamment instruite et ne jugea pas à propos de m'envoyer comme pensionnaire chez des religieuses.

M. de Sézanes fut affectueux et bon.

Je sentis se réveiller l'amour filial endormi dans mon âme, et, lorsque vint de nouveau l'heure de nous séparer, je me jetai tout en pleurs à son cou, afin d'obtenir qu'il m'emmenât avec lui.

— Chère enfant, me répondit-il avec effusion, ce que tu demandes est impossible, et pourtant Dieu m'est témoin que je t'aime !

Paroles mystérieuses dont le sens ne devait m'être révélé que plus tard.

Mon père se détourna pour me cacher son trouble. Bientôt je le vis s'élancer dans sa chaise de voyage, en me jetant un rapide adieu.

Pendant un mois, je fus plongée dans une mélancolie que les soins et les prévenances du vieux Joseph parvinrent difficilement à dissiper. Le bonhomme se creusait le cerveau du matin au soir pour trouver quelque moyen de me distraire. Sous prétexte qu'une demoiselle de mon rang devait s'exercer dans l'art de l'équitation, il faisait seller pour moi la jument la plus douce de la ferme. Lui-même enfourchait une mule, ce qui lui donnait un faux air de Sancho Pança, puis nous exécutions de longues cavalcades au milieu des bois et des prairies d'alentour.

Il fit si bien que ma tristesse ne tarda pas à

s'évanouir. Je retrouvai l'heureuse et insouciante gaieté de mon âge.

Des années s'écoulèrent, pendant lesquelles je ne reçus que très-peu de lettres de M. de Sézanes. Elles étaient écrites dans un style glacial et compassé qui me serrait le cœur. Je me demandais si l'affection que mon père m'avait témoignée jadis était véritable, lorsqu'une dernière missive, bien différente des autres, vint me combler de joie. M. de Sézanes m'annonçait que les obstacles qui l'avaient forcé jusqu'alors à me tenir éloignée de lui n'existaient plus, et qu'il viendrait, avant huit jours, me chercher lui-même pour m'emmener à Versailles.

Or, le château que nous habitions se trouvait enterré dans le creux d'un vallon du Dauphiné, à une distance de huit lieues de Grenoble et de cent vingt-cinq lieues de Paris. A peine avais-je fait, de temps à autre, quelques excursions jusqu'au chef-lieu de la province. Je ne connaissais presque rien du monde : jugez sous quelles brillantes couleurs devaient me le représenter mon imagination de jeune fille.

Triste recluse, j'allais enfin être libre. Pauvre alouette prisonnière, j'allais déployer mes ailes et chanter en liberté sous les cieux.

Je disais à Joseph :

— Oh ! comprends-tu, je reverrai la cour, et cette bonne reine qui me donnait autrefois des pralines ?

— Oui, répondit le brave homme, en essuyant une larme furtive; mais on dit qu'à la cour on oublie ses amis.

— N'en crois rien. D'ailleurs, pourquoi ne nous accompagnerais-tu pas ?

— Impossible. Qui garderait le château ? qui surveillerait la ferme et soignerait les terres ? Cette propriété, Mademoiselle, doit composer un jour votre dot. J'en ai déjà presque doublé les revenus. Vos intérêts exigent que je reste à Sézanes pour qu'on ne détruise pas mon ouvrage.

— Eh bien, je te promets de décider mon père à venir tous les ans passer l'automne au château. Là! mon vieil ami, es-tu content?

Je lui tendis une main, qu'il porta respectueusement à ses lèvres. La crainte d'être un jour effacé de mon souvenir était la seule cause de sa tristesse.

Nous procédâmes aux préparatifs d'une réception brillante.

On était au commencement du mois de juillet. Toutes les galeries du vieux manoir furent ornées de fleurs et de verdure. Joseph invita les vassaux de mon père à se réunir à nous pour fêter sa bienvenue.

Hélas! quelle affligeante déception nous était réservée!

A la fin du huitième jour, nous entendîmes un roulement de carrosse dans l'avenue principale du château. La grille d'honneur fut ouverte à l'instant. Rangés sur deux lignes, nos bons villageois saluèrent la voiture d'une décharge unanime de leurs escopettes, et moi, suivie d'une troupe de jeunes paysannes vêtues de robes blanches et tenant chacune à la main un bouquet de roses, je m'approchai toute émue, songeant aux caresses que j'allais recevoir. Ce jour était précisément celui de la fête de M. de Sézanes; j'avais rédigé moi-même un petit compliment que je m'apprêtais à débiter.

Tout à coup je sentis ma langue se glacer sur mes lèvres : l'homme qui descendait de carrosse n'était pas mon père.

J'aperçus un long et maigre personnage, aux traits anguleux, et dont le front sinistre me fit reculer d'épouvante. Il était entièrement vêtu de noir.

A peine eut-il touché le sol, qu'il s'écria d'une voix rauque :

— Pourquoi ces démonstrations joyeuses? Que veulent dire ces habits de fête? Couvrez-vous plutôt de vêtements de deuil, et pleurez sur le sort du maître de ce château, que le roi vient de plonger dans le plus sombre cachot de la Bastille !

S'approchant ensuite des villageoises, au milieu desquelles je m'étais réfugiée frémissante, il ajouta brusquement :

— Laquelle de vous est Marguerite de Sézanes?

Mes jeunes comparses reculèrent avec crainte, et je restai seule en présence de cet homme, dont le regard étrange me faisait passer un frisson dans le cœur. Je sentis mes genoux se dérober sous moi; j'essayai vainement de balbutier quelques mots, et je m'évanouis.

Joseph et ma femme de chambre accoururent à mon aide.

On me transporta dans une serre voisine, où je fus près d'une heure à reprendre l'usage de mes sens. Enfin j'ouvris les yeux, et j'aperçus l'intendant pâle et consterné. La nouvelle de l'emprisonnement de mon père le frappait comme d'un coup de foudre.

Il m'apprit que le personnage dont nous recevions la visite était mon oncle paternel, Antoine de Sézanes, procureur au Châtelet, à Paris. M'exhortant à être courageuse, il me pria de l'accompagner près de ce parent, auquel, disait-il, mon malheureux père accordait une confiance sans bornes, et qui seul pouvait nous donner les moyens d'arracher M. de Sézanes aux tortures de la prison.

Je me rendis aux instances de Joseph.

Le premier soin du procureur avait été de se faire servir un repas copieux. A peine daigna-t-il, quand nous entrâmes dans la salle à manger, répondre à mon salut par une légère inclination de tête. La mauvaise humeur à laquelle il paraissait en proie, à sa descente de voiture, n'avait fait que s'accroître.

Se tournant vers Joseph, il grommela d'un ton bourru :

— Pourquoi me laissez-vous servir par des subalternes? Est-ce manquer à votre dignité que de veiller vous-même à ce que le frère du maître de céans reçoive dans le château de ses ancêtres l'accueil qui lui est dû?

— Je vous prie d'agréer mes excuses, répondit Joseph; mais, ajouta-t-il en me désignant, l'état de ma jeune maîtresse réclamait des soins : je n'ai pas cru pouvoir me dispenser...

— Vous avez eu tort. Mademoiselle n'avait aucune raison de s'évanouir. Pure grimace!

— Permettez-moi de ne pas être de votre avis, dit Joseph, qui voyait le rouge me monter au visage et de grosses larmes rouler sous ma paupière. L'enfant, même le plus insensible, lorsqu'on lui annonce une nouvelle...

— Allons, paix! interrompit de nouveau le procureur. Je m'aperçois, Monsieur l'intendant, que votre langue s'exerce à tort et à travers. Je n'ai pas à soutenir de discussion avec vous. Tournez les talons, et dépêchez un courrier au premier notaire du voisinage. D'ici à trois jours, on vendra le château et ses dépendances.

— Vendre le château! s'écria Joseph bondissant de surprise.

— Je suis muni de tous les pouvoirs *ad hoc*. Allez! dit le procureur, dont le ton n'admettait plus de réplique.

Il montra la porte à l'intendant, qui sortit la tête basse.

Je restai seule avec mon oncle.

— Quel âge avez-vous, mon aimable nièce? me demanda-t-il, en trempant un biscuit dans un verre d'alicante.

Au lieu de répondre, j'éclatai en sanglots.

— Eh! sotte que vous êtes! cria-t-il, en m'attirant avec violence auprès de son fauteuil me prenez-vous pour l'ogre du Petit-Poucet, ou pour feu Barbe-Bleue? Faites-moi grâce de vos pleurnicheries et tâchez de me comprendre, car je n'aime pas à perdre le temps en discours superflus. Vous savez déjà que M. de Sézanes et sa digne épouse habitent présentement la Bastille.

— Son épouse? murmurai-je, essuyant mes yeux et le regardant avec angoisse.

— Ah! c'est juste, vous ignoriez que, depuis treize ou quatorze ans, il eût contracté un second mariage : eh bien, j'ai l'honneur de vous en faire part! Votre belle-mère, qui comptait avoir de la progéniture, a déclaré qu'elle ne voulait pas de vous dans sa maison. Lors même que la stérilité de son hymen ne lui laissait plus d'espérance, elle refusa constamment de vous appeler sa fille. Ceci vous explique pourquoi M. de Sézanes vous faisait élever loin de lui. Pourtant, un motif d'intérêt sembla changer les sentiments de cette femme à votre égard. Son mari ne s'était rendu à ses exigences qu'à la condition que ce château vous appartiendrait sans réserve et serait votre dot. La nouvelle épouse y accéda d'autant plus volontiers qu'elle avait par elle-même une fortune indépendante. Or, l'édifice de cette fortune s'étant écroulé tout récemment, la marâtre fit patte de velours et promit de ne plus vous haïr. Comprenez-vous, ma nièce? Les revenus accumulés de votre héritage devaient l'aider à mener à Versailles le même train que précédemment. Si mon langage vous paraît obscur, je suis prêt à entrer dans de plus longues explications.

— C'est inutile, Monsieur, lui répondis-je :

— Il me semble, Mademoiselle, que vous pourriez me faire l'honneur de m'appeler votre oncle.

— Pardonnez-moi, repris-je d'une voix tremblante, et veuillez avoir quelque indulgence pour le trouble où me jettent ces histoires, que vous m'apprenez, du reste, avec si peu... de ménagement.

— Je crois, en vérité, que cette péronnelle me donne une leçon.

— Monsieur!...

— Ainsi vous pensez, ma nièce, que je devrais employer les détours, les périphrases, adoucir mon timbre de voix et ménager la délicatesse de vos nerfs? De grâce, évanouissez-vous encore un peu : cela me divertira beaucoup, je vous assure !

Il accompagna cet étrange discours d'un éclat de rire prolongé.

— Monsieur, ripostai-je, blessée au vif et faisant un pas vers la porte, je regrette de ne pouvoir m'associer à votre gaieté. Je n'ai pas beaucoup d'usage du monde, toutefois je sais qu'il est des circonstances sérieuses qui n'admettent ni la plaisanterie, ni le persifflage.

Je parlais d'un ton bref et digne.

Il eut un moment d'hésitation. Peut-être songeait-il qu'il serait plus convenable d'employer avec moi la politesse et la douceur ; néanmoins la lutte ne fut pas longue, et son caractère irascible prit le dessus. Comme je me disposais à sortir, il s'élança hors de son fauteuil, m'atteignit et me ramena sur mon siége avec une brutalité sans exemple.

Sa figure, ordinairement blême, devenait pourpre de fureur; les artères de son front se gonflaient, ses yeux s'injectaient de sang.

Je crus qu'il allait me frapper.

— T'imagines-tu, petite misérable, hurla-t-il, que j'ai fait un aussi long voyage dans l'unique but d'essuyer ici de la résistance et de supporter tes caprices? Tu m'entendras jusqu'au bout, morbleu! tu m'entendras, te dis-je!

Ses éclats de voix parvinrent aux oreilles des domestiques. Ils s'empressèrent d'accourir, Joseph à leur tête.

A la vue de ces témoins, le procureur reprit sans se déconcerter :

— Venez tous, et voyez avec quelle gracieuse physionomie mademoiselle accueille un oncle, un excellent oncle, qui n'a pas craint de subir les fatigues d'un interminable voyage pour s'occuper des intérêts de sa famille!

Puis, reportant vers moi son regard furieux :

— Oui, ma nièce, ajouta-t-il, votre père compromis dans les démêlés qui existent entre la cour et le duc d'Orléans, et soupçonné fortement d'être l'un des principaux agents du prince, fut emprisonné par ordre du roi, le jour même où il s'apprêtait à partir pour Sézanes. Il m'envoya du fond de la Bastille tous les pouvoirs qui devaient m'aider à le remplacer ici. Dès demain, le château sera mis en vente, et, s'il plaît à Dieu, les acquéreurs ne manqueront pas. La plus grande partie des sommes provenant de cette vente devra, je vous en avertis, ma nièce, être employée sans retard à obtenir l'élargissement du prisonnier. Nous en distrairons seulement dix mille livres pour la dot que vous aurez à fournir en entrant au monastère des Ursulines de Grenoble. J'ai l'espoir de faire abréger le temps de votre noviciat, et vous prendrez le voile avant un mois. Sur ce, je vous souhaite le bonsoir! Permettez-moi d'aller me livrer au repos qui m'est indispensable, après la route pénible que j'ai faite.

N'est-ce pas, me dit la duchesse, en suspendant sa narration, que mon oncle le procureur était un aimable et délicat personnage?

Il est tard, reprit-elle, en jetant un coup d'œil sur une horloge de Boule, placée dans un angle du salon. La suite à demain, comme disent les journalistes.

II

Où l'auteur prouve, sans réplique possible, que les chaises de poste étaient un véhicule fort commode pour les demoiselles nobles, qui ne voulaient pas entrer aux Ursulines.

Le jour suivant, mon impatience me conduisit chez madame de Frenelle une heure plus tôt que de coutume. Il en résulta que je la surpris au milieu de son dîner.

— A bas, Murillo! cria-t-elle, en chassant son griffon qui, perché gravement sur un siége, prenait sa part du festin.

Elle m'offrit la place du convive dépossédé.

puis elle me dit avec ce fin sourire qu'on lui connaît :

— Votre exactitude est une véritable flatterie, Monsieur. Pour vous punir d'être ainsi courtisan, vous allez partager mon dessert.

— Une punition de ce genre va m'exposer à la récidive, madame la duchesse.

— J'y compte, et votre couvert sera mis tous les soirs jusqu'à la fin de mon récit, — n'en déplaise au senor Murillo ! dit-elle, en regardant son griffon qui grondait à deux pas de nous, fort indigné de la façon cavalière avec laquelle j'avais usurpé son siége.

Pour l'empêcher de me garder rancune, je lui présentai quelques bribes d'une portion de nougat que la duchesse venait de me servir.

Mais chez les animaux, comme chez l'homme, l'amour-propre offensé ne pardonne pas. Un grondement plus significatif du favori me prouva qu'il était loin d'agréer ma politesse. Il me laissait entrevoir une double rangée de dents aiguës, prêtes à s'exercer sur ma personne.

Je retirai prudemment la main, et je reculai ma chaise.

— Oui, prenez garde, me dit madame de Frenelle : Murillo n'est pas d'humeur commode. Il tient cela de famille. Son aïeul s'avisa jadis de déchirer la culotte du citoyen Robespierre. Je crois même qu'il fit plus qu'emporter la doublure.

— Peste! m'écriai-je, respectons le descendant d'un tel audacieux! A quel propos, Duchesse, et dans quelle circonstance, le grand-père de votre griffon s'est-il rendu coupable d'un acte aussi répréhensible ?

— Vous l'apprendrez quand le moment sera venu, répondit madame de Frenelle, c'est un épisode de mon histoire.

Elle sonna pour faire desservir. Quelques minutes après, elle reprit sa narration au point où elle l'avait interrompue.

Je ne fabrique pas un roman, me dit-elle : en conséquence, il est inutile de vous laisser dans l'incertitude et de couvrir d'ombre un caractère, sous prétexte de ménager les péripéties et d'exciter plus fortement votre intérêt. Je vous apprendrai donc sur-le-champ quel homme c'était que mon oncle le procureur.

On le destinait à l'état ecclésiastique comme la plupart des cadets de famille.

Mais, dans un voyage qu'il fit à Genève, il eut l'inappréciable avantage de lier connaissance avec M. de Voltaire et de passer chez lui tout un automne aux *Délices*. Revenu à Sézanes, il scandalisa le pays par l'impiété la plus odieuse, jeta le petit collet, rompit en visière à tous les principes honnêtes, afficha le libertinage, et alla chercher fortune à Paris, après avoir dissipé sa part d'héritage en province.

La cour, où il voulut s'insinuer d'abord, le repoussa, trouvant ses manières détestables e ses mœurs par trop... philosophiques.

Il alla se plaindre à M. de Voltaire, qui lui prêta de l'argent au denier fort, pour acheter un emploi au Châtelet. Si vous ignoriez que le patriarche de l'Encyclopédie pratiquait l'usure, j'ai l'honneur de vous l'apprendre.

Antoine de Sézanes détestait son aîné. Il ne pardonnait point à celui-ci d'avoir reçu, par voie légale, une plus forte part que la sienne dans la succession paternelle. Cette part, il jura de la lui reprendre. En conséquence, il dissimula sa haine et la cacha si bien sous les dehors de l'amitié, que son malheureux frère, — vous en aurez la preuve, — devait y être trompé toute sa vie.

Le premier moyen que le procureur employa pour arriver à son but dénote la scélératesse de sa nature. Il écrivit au ministre une lettre anonyme, une lâche dénonciation, qui plongea M. de Sézanes et sa femme dans un cachot.

Mon père avait un caractère faible, susceptible d'être exploité par le premier intrigant venu.

Philippe d'Orléans se servait de lui pour alimenter la discorde parmi les gentilshommes de la cour. Ce prince n'ignorait pas que la fortune des deux époux était ébranlée. De magnifiques promesses ne coûtaient rien à l'homme sans honneur et sans foi, que la Révolution a, depuis, couvert de sa fange, et dont le souvenir est aux gémonies de l'histoire. M. de Sézanes, alléché par de fausses espérances, vivement excité d'ailleurs par sa femme, qui conspirait elle-même ouvertement, déserta la cause de la monarchie pour celle de la révolte. Il alla plusieurs fois en Picardie, pendant l'exil de Philippe à Villers-Cotterets, et confia au procureur le motif de ces voyages séditieux.

Ce fut là-dessus principalement qu'insista l'écrit perfide adressé au ministre.

M. de Sézanes était si loin de soupçonner son frère, qu'il eut recours à lui dans sa détresse, et le délateur, feignant de porter le plus vif intérêt au prisonnier, réussit à le convaincre que l'or était le seul talisman capable de briser sa chaîne. Il se fit donner des pouvoirs en règle pour vendre le manoir patrimonial et ses dépendances.

Or, son intention bien formelle, — il me l'a lui-même avoué plus tard, — était de s'approprier les sommes provenant de cette vente, et de dire à mon père, si jamais ce dernier redevenait libre, qu'il s'en était servi pour appuyer ses sollicitations.

Ses mesures étaient parfaitement prises à cet égard.

Mais comme il pouvait rencontrer en moi de sérieux obstacles à ses vues spoliatrices, l'honnête homme avait tout simplement résolu de m'enterrer dans un cloître. Ses discours pleins de brutalité, sa contenance de Croquemitaine n'avaient d'autre but que de m'intimider et de me rendre docile à sa volonté tyrannique.

Lorsqu'il m'eût fait connaître, en présence de Joseph et des autres domestiques du château, le sort qu'il me réservait dans sa haute sagesse, il prit une bougie sur la table et se retira majestueusement dans la chambre qui lui était destinée.

Quant à moi, je restai sur un fauteuil, pâle, muette, glacée de stupeur.

Joseph s'approcha sans mot dire, me fit lever, plaça doucement mon bras sous le sien, et me conduisit dans un modeste logement qu'il habitait sous les combles.

Arrivé là, le bon vieillard ferma la porte avec soin, se pencha vers la serrure pour écouter dans le corridor les derniers pas des domestiques qui se rendaient à leurs mansardes; puis, lorsque le silence régna dans tout le château et qu'il n'eut plus à craindre aucune oreille indiscrète, il vint à moi, me prit affectueusement les mains, et me dit :

— Ça, ma pauvre chère enfant, vous n'avez

pas la moindre envie d'entrer aux Ursulines. En conséquence, il faut déjouer les projets de votre oncle. A quoi vous décidez-vous?

— Fuyons! fuyons! m'écriai-je.

Sa voix me tirait de l'espèce de torpeur où m'avait plongée le désespoir.

— Justement, dit-il, c'est la proposition que j'allais vous faire. Oui, Mademoiselle, il faut fuir, non pas demain, non pas dans une heure, mais à l'instant même. Tous mes comptes sont en ordre, tous mes registres parfaitement en règle : votre oncle s'y débrouillera ou s'y embrouillera, ce n'est plus ce qui m'inquiète. Mon devoir est de vous accompagner. Laissons ici votre cámériste, car je l'ai vue causer avec le procureur, et nécessairement il cherche à gagner la conscience de cette femme, pour mieux vous nuire. Voici la clé de la petite grille du parc; nous sortirons sans être vus, et nous gagnerons la poste royale, qui n'est qu'à deux lieues. Là, nous prendrons une berline, des chevaux, et fouette cocher! Dans trois jours nous serons à Paris, chez la marquise de Frenelle, sœur de votre mère, qui vous accueillera, j'en suis sûre, avec bienveillance et tendresse.

— Oh! merci! merci! m'écriai-je.

Et j'embrassai sa grosse figure, si laide, mais que je trouvais belle alors, tant elle exprimait de bonté naïve et de dévouement à toute épreuve.

Le brave intendant courut ouvrir une malle en bois de chêne, qui se trouvait au fond de la chambre. Je le vis en tirer quelques hardes et une assez lourde sacoche de buffle, qu'il fixa par des courroies à sa ceinture.

— Voilà toutes mes économies de trente années, me dit-il, avec le gros et franc rire qui gonflait ses joues comme deux ballons prêts à commencer leur voyage aérien. Je vous jure, ma chère enfant, que nous allons faire un bon emploi de ces finances et courir la poste à la manière des princes. Si votre oncle nous rattrape, il sera bien habile.

A ces mots, il jeta sur mes épaules une espèce de manteau, pour me garantir de la fraîcheur de la nuit. Nous sortîmes ensuite à pas de loup, sans lumière, et marchant à tâtons dans les corridors.

Tout à coup mon compagnon s'arrêta.

Pour gagner le parc, nous avions été forcés de passer devant la porte de la chambre qu'avait choisie le procureur.

Celui-ci ne dormait pas. Nous l'entendîmes se promener de long en large sur le parquet gémissant.

La peur me prit. Joseph eut beau me retenir, je me sauvai comme une folle au milieu des ténèbres, et je me heurtai contre un obstacle qui me fit tomber de toute ma hauteur. C'était un géranium en caisse, apporté là par mes ordres, le matin même, avec des grenadiers et des lauriers-roses, pour orner la galerie principale du château, dans laquelle nous nous trouvions alors.

Je ne me fis aucun mal, mais tous les échos du vieux manoir retentirent du bruit de ma chute.

Aussitôt mon oncle sortit de sa chambre et demanda d'une voix terrible d'où provenait ce vacarme. La lumière qu'il portait nous éclairait en plein visage.

Mon trouble et surtout nos costumes lui révélaient assez le projet de fuite.

Par bonheur, mon gros intendant n'avait rien perdu de son admirable sang-froid. Voyant approcher notre persécuteur, il souffla vivement la bougie que ce dernier tenait à la main, courut à moi, m'entraîna, descendit quarante ou cinquante marches, ouvrit une porte, me fit traverser une terrasse et franchit, en courant à ma droite, les avenues sablées du jardin, aussi rapidement que si tous les sylphes de la création lui eussent prêté leurs ailes.

Je me demande encore aujourd'hui comment Joseph, doué des pesantes allures de l'hippopotame, put trouver dans cette circonstance les jambes rapides du cerf.

Le procureur, perdu dans une sorte de labyrinthe, se heurtant contre les grenadiers et se fouettant la figure aux branches des lauriers-roses, eut beau crier et se démener dans l'ombre : avant que les domestiques fussent accourus, nous avions déjà traversé le parc, et nous nous trouvions en rase campagne.

Mais nous n'étions pas à la fin de nos inquiétudes.

Bientôt nous entendîmes tinter avec violence la cloche du château. Des cris tumultueux se mêlaient à ce tocsin nocturne, et nous vîmes avec épouvante, en jetant les yeux derrière nous, des torches sillonner en tous sens le chemin que nous venions de parcourir.

Mon oncle avait non-seulement réveillé les domestiques, mais encore les valets de ferme, les femmes employées à la laiterie, les pastoureaux et bon nombre des habitants du village. Il les menaçait de sa colère s'ils ne me ramenaient pas, morte ou vive.

Joseph, me tenant par la main, courait toujours.

Pauvre homme ! comme il soufflait ! comme il était rendu ! Malgré son ardeur à fuir, ceux qui nous poursuivaient gagnaient du terrain. Nous n'avions pas de torches pour nous éclairer dans notre course, et nous tombions à chaque instant dans les fondrières et les flaques d'eau qu'une pluie d'orage avait formées, la veille, au milieu des champs et des prairies.

Quoi qu'il en fût, nous ne perdions pas courage ; l'obscurité jusque-là nous avait été propice.

Mais, comme si le ciel lui-même eût voulu nous livrer à nos ennemis, la lune, qui se tenait cachée sous un voile de nuages grisâtres, se montra soudain dans toute sa splendeur, et de bruyants hourras nous prouvèrent qu'on nous avait aperçus.

C'en est fait, m'écriai-je, il faut entrer aux Ursulines, il faut mourir !

Mon compagnon ne me répondit pas.

D'ailleurs, en ce moment, c'eût été chose impossible. Il avait assez d'ouvrage de reprendre haleine, et sa poitrine exhalait un bruit semblable à celui d'un soufflet de forge.

Sans doute il se rappela que le gibier, poursuivi par une meute ardente, a souvent recours à des ruses qui dépistent chiens et chasseurs, car il fit brusquement volte-face et rentra dans un bouquet de bois que nous venions de traverser.

Les cris redoublèrent, et la troupe hostile, au centre de laquelle je reconnus le grand corps sec de mon oncle, se réjouissait déjà de nous traquer sous ces arbres, comme on traque les bêtes fauves.

Joseph avait un plan, que n'eussent pas désavoué, dans une circonstance analogue, les renards et les chevreuils d'alentour. Laissant nos adversaires dans la persuasion que nous avions cherché refuge au sein du taillis, il me fit ramper dans une espèce de ravin, qui nous conduisit promptement hors du bois, à peu de distance de plusieurs champs de seigle, où nous nous blottîmes éperdus.

Un quart d'heure après, nous eûmes la satisfaction de voir mon oncle et les villageois, qui venaient de battre le fourré dans tous les sens, prendre avec leurs torches une route opposée à celle que nous devions suivre.

De plus, la lune, se repentant du mauvais tour qu'elle nous avait jouée, rentra dans son berceau de nuages, et dix minutes nous suffirent pour gagner la poste, où nous trouvâmes une méchante berline et quatre pitoyables rosses, que Joseph fit atteler au brancard. On eut beau nous dire que les règlements défendaient de laisser l'écurie déserte : un double louis calma les scrupules du maître de poste, et nous partîmes à toute bride, en dépit de la chétive apparence de nos haridelles.

Il est vrai qu'un large pourboire, payé d'avance, activait prodigieusement le fouet du postillon, et par contre-coup les jambes de ses chevaux.

Au lever de l'aurore, nous étions à vingt lieues du château de Sézanes.

Joseph ronflait comme un bienheureux dans un coin de la berline. Pour moi, trop de pensées inquiétantes me traversaient l'esprit ; je ne pus goûter un seul instant de repos.

Ce n'était plus mon oncle le procureur qui m'alarmait, ce n'était plus le couvent de Grenoble : je songeais à la pénible situation de mon père, je me demandais s'il me serait permis d'aller l'embrasser sous les sombres voûtes de la Bastille.

— Oh ! oui, me disais-je, car la reine est bonne et compatissante. En me voyant tomber à ses genoux, elle ne me refusera pas cette grâce ; elle me permettra de porter quelques paroles d'espoir au malheureux captif.

Je voyais déjà M. de Sézanes en liberté, je recevais ses remercîments et ses caresses.

Là-dessus, mes idées prirent un autre cours. Je pensai à la grande capitale que j'allais revoir, et dont il me restait à peine un vague souvenir ; je pensai à ma tante, chez laquelle me conduisait mon vieux protecteur, et, tout naturellement aussi, je pensai un peu... à mon cousin Paul de Frenelle, que depuis neuf grandes années je n'avais pas vu.

Ce disant, la conteuse me regarda du coin de l'œil, devinant que j'allais l'interrompre.

— Saluons, m'écriai-je : voici les amours ! Tôt ou tard, il fallait bien que leur troupe gracieuse vînt s'ébattre dans un chapitre de votre histoire.

Un triste sourire effleura ses lèvres.

Encore cette incorrigible mythologie ! dit-elle. Ici plus qu'ailleurs elle est déplacée. Oubliez-vous à quelle époque se passaient les événements que je vous raconte? Déjà la révolution grondait sourdement et sapait dans sa base l'édifice monarchique. Une espèce de vertige troublait le cerveau des hommes du dix-huitième siècle. Léopard déchaîné, le peuple s'apprêtait à dévorer la noblesse, et les nobles eux-mêmes lui jetaient en pâtures leurs priviléges.

Insensés, doubles insensés qu'ils étaient!

Je les entends encore prêcher la liberté, les droits de l'homme, l'indépendance, mots hypocrites qui devaient en enfanter un autre : la Terreur.

Croyez-vous, jeune homme, que la troupe des amours folâtrait bien joyeusement sous les brûlantes rafales du vent révolutionnaire, et au bruit de la vieille société qui s'écroulait de toutes parts? Les hurlements de la tribune étouffaient la causerie des salons. Au milieu d'une fête ou d'un bal, on entendait un coup de foudre. Les uns s'enfuirent, c'étaient les plus prudents; les autres restèrent, ils furent écrasés.

Quand le peuple hurle dans les carrefours, quand la hache frappe à deux pas de vous, il n'est plus possible de faire résonner les cordes harmonieuses du cœur.

Du reste, vous le devinez et je l'avoue, j'aimais déjà mon cousin Paul de Frenelle. Son souvenir était peut-être la principale cause de mon aversion pour le cloître.

Ainsi que je vous le disais tout à l'heure, je l'avais vu dans mon enfance.

Un beau jour, sa mère et lui nous visitèrent à Sézanes.

Toute petite fille que j'étais, je ne laissai pas de voir que Paul promettait d'être un cavalier fort accompli. La marquise, ma tante, l'élevait dans les principes les plus sérieux de l'honneur, étayant cette éducation de gentilhomme sur les idées religieuses et les saintes croyances de l'âme.

Il pouvait avoir de treize à quatorze ans. J'en avais neuf à peine, c'était un homme pour moi.

Comme son père, en mourant, lui avait légué son titre, il se faisait appeler *monsieur le marquis*, portait l'épée d'un air digne et se dressait avec fierté sur ses talons rouges, en caressant les revers brodés de son habit de velours et son jabot de dentelles.

Mais je divague, et je m'amuse à vous tracer des silhouettes, au lieu de courir la poste sur les grands chemins.

A chaque relais, mon compagnon tirait une pièce d'or de sa ceinture de buffle, et c'était merveille de voir les tourbillons poudreux qui s'élevaient à droite et à gauche sous le pied des chevaux. Nous montions les côtes au triple galop. Ce fut à peine si nous prîmes le temps de descendre une ou deux fois de voiture pour prendre un léger repas.

Joseph me donna, pendant le trajet, quelques détails sur le mariage de mon père.

On lui avait intimé jadis la défense expresse de m'en parler.

Puis il m'expliqua pour quelle raison il me conduisait chez la marquise de Frenelle, au lieu d'aller me chercher un refuge auprès de toute autre personne de ma famille. La mère de Paul, me voyant délaissée de M. Sézanes et presque orpheline, avait dit au brave intendant qui soignait mon enfance :

— Continuez, mon ami, de veiller sur Marguerite. Si jamais elle a besoin de ma protection et de ma tendresse, l'une et l'autre lui sont acquises.

Ainsi le ciel, qui m'avait affligée d'un oncle détestable, me donnait en compensation la meilleure des tantes.

Vous comprenez quelle était mon impatience d'arriver à Paris.

Le troisième jour, nous reconnûmes que

nous approchions de la capitale, à cet éternel nuage de fumée qui dort sur les toits et au bourdonnement lointain de la ruche immense. Nous y entrâmes le 14 juillet 1789.

Madame de Frenelle appuya sur cette date. Je relevai la tête, et je fis un geste d'étonnement.

— Eh! mais, lui dis-je, c'était le jour même de la prise de la Bastille?

— Oui, me répondit-elle, et nous arrivions à Paris par le faubourg Saint-Antoine. Le postillon nous avait conseillé de faire un détour, sous prétexte que les barrières méridionales étaient en bouleversement. Avec les meilleures intentions du monde, il nous jeta au milieu du guêpier.

La duchesse regarda la pendule, uniquement par taquinerie, car nous avions encore plus d'une heure à nous.

Sur un guéridon voisin sifflait une vaste bouilloire à la russe, meuble agaçant, importé par les Demidoff dans quelques salons légitimistes. Madame de Frenelle, à mon grand regret, s'avisa de nous faire du thé.

Cette opération dura vingt minutes, qui me parurent d'une longueur inouïe.

Je vidai ma tasse avec une sorte de vivacité fiévreuse, et je trouvai que la narratrice mettait à savourer le contenu de la sienne une sensualité intempestive, eu égard à ma position d'auditeur. Pour dissimuler mon impatience, je froissais entre mes doigts les oreilles velues de Murillo, qui avait oublié sa rancune au point de grimper sur mes genoux et de s'y endormir.

Enfin la duchesse reprit :

Nous avions dépassé la barrière du Trône, et notre berline brûlait le pavé du faubourg, lorsque tout à coup des hommes à figure sinistre enjoignirent au postillon de s'arrêter. Celui-ci n'eut garde de désobéir. Une rangée de piques lui fermaient le passage et menaçaient le poitrail de ses chevaux.

— Dételez! crièrent plusieurs voix furibondes.

Joseph, se penchant à la portière, essaya, mais en vain, de présenter quelques observations aux personnages déguenillés qui faisaient entendre cet ordre. Plus de deux cents poissardes, entourant la berline, montrèrent le poing d'un air furieux à mon compagnon de voyage et lui servirent de fort laids compliments sur sa physionomie.

Le plus court était de descendre.

Nos chevaux furent attelés par le peuple à des caissons, que l'on roulait avec fracas du côté de la Bastille.

Je n'oublierai de ma vie le spectacle qui s'offrit à mes yeux.

Sur toute la longueur et sur toute la largeur du faubourg s'agitait une foule innombrable, qui s'accroissait encore à chaque instant des flots tumultueux de population que versaient les rues adjacentes. Les cris, les hurlements, les blasphèmes se mêlaient au froissement des armes, — car ce peuple était armé. Quelques heures auparavant, les uns avaient assailli l'hôtel des Invalides, pour en enlever les munitions; les autres s'étaient portés sur Vincennes, et ramenaient avec eux une artillerie formidable. Tous enfin s'étaient donnés rendez-vous au pied de la Bastille, dont nous apercevions, à quelques centaines de pas devant nous, les murs noircis et les créneaux menaçants.

Ce fut en vain que nous essayâmes de nous dégager du milieu de cette foule en délire; elle nous entraîna, sans daigner nous apprendre où elle nous conduisait.

Néanmoins, aux mille clameurs qui bruissaient à nos oreilles, je finis par comprendre le but de ce rassemblement et les intentions de la multitude. On se décidait à tenter un coup de main sur la Bastille; on voulait délivrer les prisonniers qui gémissaient dans son enceinte.

Je ne voulus plus fuir, alors.

M. de Sézanes était au nombre de ces captifs.

Courage, peuple, courage! Va toujours, et rends-moi mon père. Oh! je t'aime avec ta large poitrine et tes bras nus! J'aime tes cheveux au vent, tes haillons souillés de fange, tes cris sauvages qui ressemblent à ceux des lions du désert!

Tu es beau, tu es grand, mon peuple!

Encore, approche encore! Là, devant nous, est la sinistre forteresse, avec ses tours massives et ses larges meurtrières, qui laissent voir la gueule béante de ses canons; elle te regarde, elle est silencieuse, elle a peur. Feu sur elle! feu, te dis-je! — elle n'osera pas te répondre.

J'assistais, palpitante, à tous les préparatifs de l'attaque.

Mon compagnon ne partageait en aucune sorte mon enthousiasme. Il essayait de me faire abandonner le voisinage de la Bastille; mais je ne l'écoutais pas.

Un irrésistible pressentiment me disait que je devais rester là, que le peuple serait vainqueur, et que bientôt j'embrasserais mon père.

Une pareille conduite vous surprendra, mon ami.

Cependant je ne suis pas une virago; je ne tiens nullement à voir mon sexe armé du glaive. Les exploits des Clorinde et des Bradamante ne furent jamais, à mon avis, que le résultat d'une organisation manquée, une erreur de la nature qui, dans un moment de distraction, peut se tromper de sexe. Jamais je n'ai vu couler le sang, fût-ce par une piqûre d'épingle, sans m'évanouir. La détonation d'une simple capsule menace de me donner une attaque de nerfs. Et pourtant, ce jour-là, je ne frissonnai pas même, lorsque, le combat une fois entamé, je vis la Bastille cracher des flammes par toutes ses ouvertures et tracer, à deux pas de nous, avec le boulet de larges sillons. J'écoutais sans pâlir le tonnerre de cent pièces d'artillerie; je marchais sur les cadavres, je déchirais mes voiles pour panser les blessés, je criais comme la foule, avec la foule. Le vertige de la révolte m'avait saisie, la fumée de la poudre me montait au cerveau, j'étais folle, j'étais ivre.

Pardonnez-moi, mon Dieu!

J'ignorais que la colère, plutôt que l'héroïsme, enflammait les hordes rebelles. Ce peuple n'avait pas de mission : le combat s'est changé plus tard en massacre, et les soldats sont devenus des bourreaux.

Delaunay, gouverneur de la Bastille, désespérant de la défendre, fit renverser le drapeau qui flottait sur les tours. La herse du pont-levis se dressa, donnant passage à la troupe victorieuse, et le noir édifice entendit le mot LIBERTÉ retentir sous les voûtes épaisses de ses cachots.

A ce cri, les prisonniers brisèrent leurs chaînes. Un des premiers que je vis sortir fut M. de Sézanes.

Je n'essaierai pas de peindre l'étonnement de mon père, lorsqu'il m'aperçut, avec ce pauvre Joseph, dont tous les membres tressaillaient de frayeur, et qui secouait la tête, comme si les boulets eussent continué de siffler à son oreille. Toutefois, le dévouement du digne vieillard avait été chez lui plus fort que la crainte. Pendant l'action, voulant examiner le progrès des assaillants, j'étais obligée d'écarter sa large circonférence, qui s'interposait entre le péril et ma personne, et derrière laquelle je me trouvais beaucoup trop à l'abri.

M. de Sézanes me tint longtemps pressée contre son cœur. Il semblait vouloir me rendre toutes les caresses dont il avait sevré mon enfance.

Quand je lui eus fait part des motifs de notre arrivée à Paris, de la singulière conduite de mon oncle et de l'effroi dont je n'avais pas été maîtresse, il se mit à sourire.

— Oui, me répondit-il, je connais ses manières excentriques et son brusque langage. Plus tard, mon enfant, tu le jugeras avec moins de prévention. C'est le plus dévoué, le meilleur des hommes.

Une voix secrète m'avertissait que mon père était dupe du procureur et que l'hypocrisie de ce dernier nous serait fatale. Mais le respect me ferma la bouche. J'examinai plus attentivement M. de Sézanes. Il me parut vieilli. Sa figure était pâle, son front ridé; ses joues se creusaient, et sa taille, que j'avais toujours vue haute et fière, semblait courbée par les orages domestiques.

Il était en grand deuil. Je lui en demandai la cause.

Avant de me répondre, il questionna tout bas Joseph, et l'intendant lui fit un signe affirmatif.

Mon père alors m'annonça d'une voix grave, mais sans beaucoup de douleur apparente, la mort de cette femme qui avait refusé de m'accueillir. Se voyant emprisonnée par ordre de la reine, dont elle était une des dames d'honneur, elle fut saisie d'un tel accès de désespoir, qu'elle en trépassa huit jours après son arrestation. Un épanchement au cerveau me priva du plaisir de connaître une marâtre, dans le cœur de laquelle je tenais si peu de place.

Nous prîmes le chemin du quai d'Orsay.

Après une longue marche au milieu des rues, beaucoup plus tumultueuses que de coutume, grâce à l'événement du jour, nous entrâmes dans ce même hôtel, qui nous abrite, — et où vous dînez demain, Monsieur, ne l'oubliez pas.

III

Danger de faire un sans-culotte, avant d'y être autorisé par la mode ou par les circonstances.

La duchesse me recevait ordinairement dans une petite pièce modeste, qui avait dû servir autrefois de bibliothèque ou de cabinet de travail, et, ce jour-là, je fus très-surpris de la voir m'attendre dans un salon splendide.

Ce salon avait un cachet de solennité, que notre époque ne retrouve plus. Les meubles, admirablement conservés, dataient du règne de

Louis XIV. Devant les hautes fenêtres tombaient de larges rideaux de soie bleue, relevés à demi par de riches torsades à glands d'or. L'âtre appuyait ses bûches enflammées sur d'énormes chenets de cuivre, dont les colonnettes, enlacées de feuilles d'acanthe, portaient d'un côté l'écusson de la famille, et de l'autre les armes de France. Au-dessus du chambranle de marbre, une glace de Venise reflétait les gerbes de lumière que lui envoyaient deux lustres gigantesques chargés de bougies. Tous ces rayonnements, joints à ceux du large foyer aristocratique, faisaient resplendir les tapisseries des Gobelins et le châssis des grands cadres dorés, où dormait l'image des aïeux.

D'abord, je ne me rendis pas compte de la fantaisie que la duchesse avait eue de transformer en salle à manger le salon d'honneur de l'hôtel.

Son but, en agissant de la sorte, était de prêter un intérêt plus vif à son histoire.

C'est ici, me dit-elle, quand les valets eurent desservi la table, que la marquise, ma tante, nous accueillit avec une bonté qui m'arracha des larmes. Vous voyez son portrait là, devant vous. Elle était aussi belle que bonne.

Mon père qui, depuis son second mariage, l'avait beaucoup négligée, n'entendit pas le moindre reproche sortir de ses lèvres. Il eut, dès lors, son appartement à l'hôtel, car un domaine considérable et une riche maison qu'il possédait à Versailles venaient d'être la proie de ses créanciers.

Au bout de quelques jours, arriva tout penaud mon oncle le procureur.

Les feuilles publiques lui avaient annoncé la prise de la Bastille et l'élargissement de M. de Sézanes. Tous ses nobles projets se trouvant renversés par le fait même, il eut l'air de s'exécuter de bonne grâce, et remit entre les mains de mon père le prix du château qu'il avait vendu.

Mais je me rappelle encore le regard de haine qu'il jeta sur moi, lorsque je lui dis malignement, pour me venger des charitables intentions qu'il m'avait témoignées :

— Eh bien, mon oncle, comptez-vous toujours mettre en œuvre votre influence, abréger mes épreuves de novice et me faire prendre le voile avant un mois?

Il rougit de colère et s'en alla cacher sa honte dans un logement qu'il occupait rue des Poitevins.

Je ne devais le revoir que le jour où, sa revanche étant prête, il put satisfaire un instant sa cupidité monstrueuse, après m'avoir séparée de celui que j'aimais, et après avoir laissé de sang-froid M. de Sézanes périr sur l'échafaud.

N'évoquons pas encore ces effroyables souvenirs.

Bien que mon père habitât sous le même toit, nous le voyions rarement. Il chercha presque aussitôt à rétablir sa fortune et se lança dans des spéculations qui lui réussirent. Peu à peu il retomba dans une sorte d'indifférence à mon égard. Mais ma tante était si affectueuse et mon cousin si aimable, que mes jours s'écoulaient sans aucun mélange de tristesse.

Paul entrait dans sa vingt-deuxième année.

Il avait la taille élégante et une tenue parfaite. Son visage respirait un air de noblesse majestueuse, que j'ai rarement vu siéger sur le front des autres hommes. Les regards qui jaillissaient de ses grands yeux bruns étaient empreints à la fois d'une douceur ineffable et d'une noble fierté. Je le voyais sans cesse aux petits soins pour moi. Le moindre nuage qui passait sur ma physionomie lui donnait de l'inquiétude, et, lorsqu'il me trouvait rêveuse et mélancolique, il décochait une épigramme contre la personne absente de mon oncle le procureur, moyen toujours infaillible de ramener le sourire sur mes lèvres. Il m'appelait sa charmante cousine et s'occupait de mes parures. Je l'aimais, il m'aimait aussi de toute son âme.

La bonne marquise, voyant notre mutuel attachement, mit un jour la main de Paul dans la mienne, et nous dit d'une voix émue :

— Je vous marierai, mes enfants! Attendons la fin de l'orage révolutionnaire.

Hélas! au lieu de finir, cet orage grondait avec une furie croissante. Nos heures de joie intime furent bien courtes, et la circonstance la plus futile en apparence allait nous jeter au milieu de la tempête.

Ma tante était une femme de grand sens; mais les esprits les plus clairvoyants ont leurs jours d'erreur et de confiance aveugle. Lors de la première émigration, quelques-uns de nos amis voulurent l'engager à les suivre à Londres ou en Allemagne. Elle repoussa toute proposition de quitter la France.

— Dans les tremblements de terre, disait-elle, les fous seuls cherchent à fuir, et les sages restent en place.

Fidèle à ce système, elle ouvrit son salon aux hommes les plus remarquables de cette époque maudite. Elle les accueillit tous indistinctement, ceux qui ébranlaient le trône et les vieilles institutions, comme ceux qui essayaient d'enrayer le char révolutionnaire. Chez elle on rencontra plus d'une fois le sublime et dangereux Démosthènes de l'Assemblée nationale, en même temps que l'abbé Maury, son antagoniste. Nous avions aussi Barnave et Cazalès, Lally-Tolendal et Mounier, les deux Lameth et Duport.

A l'exemple de sa mère, Paul se liait avec les partisans des idées nouvelles et cherchait à s'en faire des amis.

Bientôt il devint l'inséparable compagnon du jeune avocat de Grenoble. Puis, un soir, nous le vîmes nous présenter un autre jeune homme, pâle et méditatif, dont la noble tête s'inclinait sous le fardeau de la pensée. Celui-ci était un poète. On le devinait tout d'abord, tant il y avait de rêveries inconnues sur son front, déjà plissé par le génie et la souffrance.

André Chénier, Barnave, pauvres enfants enthousiastes !

Vous avez semé l'un et l'autre sur le chemin de la liberté les fleurs de la poésie et de l'éloquence ; vous avez salué cette ère nouvelle avec transport, et tous les deux vous avez pleuré votre erreur, vous avez expié par le martyre la généreuse illusion vers laquelle vos âmes saintes et pures se sentaient entraînées !

Parmi les visiteurs les plus assidus de ma tante, on remarquait un homme, qui nous inspirait à tous un insurmontable sentiment de dégoût et de haine.

C'était un avocat d'un verbiage assez ronflant, mais d'une capacité douteuse.

Il ne possédait d'autre titre pour être reçu chez la marquise que la perte d'un procès, dont celle-ci l'avait chargé, à la recommandation de mon oncle le procureur.

Des plumes romanesques ont voulu, de nos jours, écrire l'histoire et réhabiliter Maximilien Robespierre. C'est une mauvaise action : jamais l'encre n'effacera le sang.

L'avocat d'Arras était porteur d'un visage ignoble et stupidement écrasé. Chez lui le front et le menton avaient fait la gageure de se rapprocher, au détriment des parties intermédiaires. Deux petits yeux de chat fâché clignotaient sur cette face, où je ne sais quelle maladie avait laissé des traces abjectes. Pour donner une idée de la couleur de son teint, je ne vois pas d'autre terme de comparaison qu'une citrouille, ou quelque vieux panneau de masure jauni par la fumée.

On parle de la face ignoble de Marat; mais je doute qu'elle ait pu vaincre celle de Robespierre dans le monstrueux de la laideur.

Cet agréable individu n'ayant pas jugé convenable de discontinuer ses visites, après la perte du procès, ma tante n'osa pas le consigner à la loge du suisse, car il avait eu l'adresse de se faire nommer député aux États généraux, et déjà, pour me servir d'une expression de l'abbé Maury, le papier sur lequel Maximilien lisait ses discours à la tribune avait une odeur de sang.

A une pareille époque de désordre et de trouble, ce jacobin fanatique pouvait devenir un homme à craindre.

Nous le ménagions, mais en enrageant.

Si son visage était horrible, en revanche sa conversation n'était rien moins que spirituelle. Il ne se gênait pas pour déclamer contre les nobles et les prêtres dans un cercle où ces deux corps avaient des représentants, ce qui, vous l'avouerez, était le comble de la sottise et de l'outrecuidance. Il lui arrivait même de professer les théories sanguinaires, qu'il réduisit en pratique, deux années plus tard, à l'aide de la guillotine. Ses discours nous faisaient tressaillir d'épouvante et de dégoût.

Bref, nous résolûmes de nous débarrasser de ce hideux personnage.

Nous savions qu'il était très-sensible au ridicule. En lui ménageant devant témoins quelque scène mortifiante, qui, bien entendu, n'aurait pas l'air d'avoir été combinée, nous espérions lui faire perdre patience et le décider à la retraite. Paul, Barnave et André Chénier furent du complot, avec la marquise et moi.

Voici la manière dont nous organisâmes notre projet.

Ma tante avait un griffon d'un caractère très-maussade. Cet animal affectionnait beaucoup certain coussin de velours, placé à l'un des angles de cette même cheminée près de laquelle nous sommes. Il était hargneux au possible, et s'appelait Murillo, comme celui de ses descendants que vous avez l'honneur de connaître.

Ayant couvert son nom de gloire, il est tout simple qu'il le transmette à sa postérité.

Jamais il ne souffrait qu'on touchât au susdit coussin, sans mordre impitoyablement la personne qui se rendait coupable de cette irrévérence.

Nos trois complices s'exposèrent pendant deux jours aux dents du griffon, tout exprès pour répéter la comédie dans laquelle le chien devait jouer son rôle. Dès qu'on fut à peu près sûr qu'il s'en acquitterait en conscience, on fixa la représentation pour le soir même.

Le feu pétillait comme aujourd'hui dans l'âtre. Tous nos amis venaient d'arriver et s'entretenaient des affaires du jour.

Frisé, poudré, vêtu de noir, l'abbé Maury était venu prendre place entre ma tante et moi, sur le sofa qui nous porte en ce moment. Dix fois à la minute il ouvrait sa tabatière d'or et nous offrait une prise que nous refusions toujours, sans le corriger pour cela de ses perpétuelles distractions.

André Chénier, rêveur, avait reculé son siége jusqu'auprès de la fenêtre et regardait les étoiles.

Plus rapprochés de nous, Barnave et Mirabeau continuaient une discussion entamée à la tribune, tandis que Vergniaud, Gensonné, Guadet, Siéyes, Cazalès, Paul et quelques autres leur formaient un cercle d'auditeurs.

Un seul fauteuil restait vide. C'était celui de Maximilien.

Désireux de faire sensation, l'avocat n'arrivait jamais qu'une heure après tout le monde.

Or, on avait enfermé le chien dans ce cabinet que vous voyez en face, et le coussin de velours avait été placé, comme par hasard, sur le fauteuil vide. Nous autres conjurés, nous gardions un sérieux de glace.

Il était important qu'on ne se doutât pas du tour.

Robespierre entra, fit des saluts à droite et à gauche, puis alla prendre place sur le fauteuil, sans remarquer l'addition du coussinet. Il était vêtu, ce soir-là, d'une façon très-galante et nous étalait avec une complaisance visible ses souliers à boucles, ses bas chinés et sa culotte de soie puce.

A son aspect, la conversation fut interrompue comme par un accord tacite.

S'imaginant qu'il était de son devoir d'en renouer le fil, Robespierre se prélassa dans son fauteuil et dit avec emphase à Mirabeau :

— Recevez mes félicitations, monsieur le comte (¹). Nous vous avons entendu prononcer, ce matin, le discours le plus éloquent, sans contredit, que vous ayez donné jusqu'alors. Vous étiez animé d'une verve incroyable, et chacune de vos paroles bouillonnait de ce chaud patriotisme... Ah! ça, fit-il, en s'arrêtant court au milieu de sa période, que me veut donc ce chien?

(¹) Les nobles n'avaient pas encore sacrifié leurs titres et priviléges sur l'autel de la patrie.

Paul avait sournoisement ouvert la porte du cabinet.

Le griffon, s'étant élancé vers sa place habituelle et n'y ayant pas trouvé le coussin, flaira d'abord l'un après l'autre tous nos siéges, et finit par s'arrêter, en grognant, dans les alentours du fauteuil où reposait la culotte de soie puce.

— Je suis enchanté, Monsieur, répondit froidement Mirabeau, que le discours dont vous parlez ait obtenu votre approbation.

— Permettez, dit Robespierre, il y a néanmoins quelques tournures... Décidément, t'en iras-tu, maudit animal?

Le griffon jappait avec colère et s'approchait des bas chinés avec une intention très-peu pacifique.

— *Faire rebrousser les farines* (¹), par exemple, reprit Maximilien, me paraît une expres-

---

(¹) Il s'agissait du fameux discours, où Mirabeau reprochait à Louis XVI et aux courtisans de vouloir affamer le peuple.

sion... Diable! êtes-vous sûre, Marquise, que votre chien ne soit pas hydrophobe?

Barnaye n'y tint plus et partit d'un éclat de rire, qui fit écho d'un bout à l'autre du salon.

La lutte devenait sérieuse.

Plus ardent que jamais et convaincu qu'il avait affaire à l'usurpateur de son coussin, le griffon se jetait sur les souliers à boucles, et, repoussé par son ennemi, n'en revenait à la charge qu'avec plus d'acharnement.

Ma tante et moi, nous avions l'air de nous épuiser en efforts inutiles pour empêcher l'animal furieux de dévorer Maximilien.

— Ici, Murillo! criait la marquise. A bas, monsieur! Fi, le malhonnête!

Elle employait, en un mot, toutes les allocutions en usage vis à vis d'un chien qui se comporte mal en société. Mais le griffon faisait la sourde oreille.

Ses jappements réunis aux clameurs de ma tante, aux éclats de rire des habitués et aux piteuses exclamations de l'avocat formaient le concert le plus étrange, le plus assourdissant, et surtout le plus antimusical qu'il soit possible d'entendre.

Robespierre se garantissait les jambes de son mieux, sans oser frapper le griffon, par égard pour sa maîtresse, qui en raffolait.

— Parbleu ! s'écria Mirabeau, le gaillard y met de la rancune ! Faites-nous connaître, de grâce, le sujet du démêlé que vous avez ensemble ?

— C'est tout simple, dit Cazalès, avec le ton méprisant de l'homme de cour, on connaît l'extrême délicatesse des chiens en matière de parfums : celui-ci trouve probablement à sa convenance ceux qui s'exhalent de monsieur *de* Robespierre ?

— Au fait, riposta l'abbé Maury, en se bourrant dans le nez presque tout le contenu de sa tabatière, il est présumable que Monsieur n'est pas venu en voiture.

Ces mots étaient à peine prononcés, que tous les fauteuils se mirent en devoir d'opérer un mouvement rétrograde pour s'éloigner de Maximilien.

— Non! non! restez, dit Barnave, riant aux larmes. Le débat ne peut être occasionné par la raison que vous dites. Ce pauvre Murillo! sans doute on lui aura fait perdre quelque procès, car il prend tous les avocats en grippe. Hier, il a voulu me mordre, je vous le certifie.

André Chénier se leva.

— Quoi qu'il en soit, Messieurs, dit-il d'un ton grave qui redoubla l'hilarité générale, nous ne pouvons pas laisser un honnête homme dans la triste position de Jézabel.

Ce fut le coup de grâce.

Robespierre se dressa tout d'une pièce, comme une bête fauve que des chasseurs ont forcée dans ses derniers retranchements.

D'un coup de pied furieux, il envoya le chien

rouler à l'autre extrémité du salon. Puis il fixa sur les persifleurs des regards à faire reculer le plus intrépide. Ses petits yeux avaient grandi. Chacun de nous pouvait les voir étinceler comme des charbons ardents. Ses lèvres étaient devenues livides, et sa figure mate et plâtrée passait alternativement du jaune d'ocre au rouge pourpre.

Pendant cet intervalle, le griffon, qui ne se rebutait pas, venait de faire un détour et de sauter dans le fauteuil.

Nous le vîmes s'installer en triomphe sur le coussinet vacant.

Jugez du nouvel embarras et de la rage de Maximilien, lorsque, s'essuyant le front et croyant avoir intimidé les railleurs, il se rassit de confiance et sentit la dent acharnée de son adversaire, qui alors ne l'attaquait plus en face.

Le damné griffon n'avait pas eu de respect pour les souliers à boucles et les bas chinés ;

il n'en eut pas davantage pour la culotte de soie puce, et il en enleva bravement un morceau superbe.

Comme si le malicieux animal eût prévu l'avenir, il fit par anticipation de Maximilien Robespierre un parfait sans-culotte.

Nous n'y tînmes plus à notre tour; les rires se changèrent en trépignements et en éclats de voix convulsifs. L'avocat prit son chapeau et sortit à reculons.

Il riait aussi, mais quel rire!

Mirabeau nous dit, après son départ, qu'il lui avait semblé voir un chat sauvage, auquel on aurait fait boire une tasse de vinaigre.

Bien certainement Maximilien Robespierre méritait notre haine, et nous étions en droit de l'éliminer de notre cercle. Néanmoins nous eûmes tort, nous eûmes grand tort. Au sein des crises sociales, les bons s'éloignent et les méchants restent. Un homme de ce genre n'avait rien à perdre. Il ne lui fallait qu'un peu d'audace et de sang-froid pour braver l'orage, saisir le gouvernail et diriger à sa guise le vaisseau de l'État sur les vagues bourbeuses de la Révolution.

Je le répète, nous avons agi étourdiment et follement dans cette circonstance.

Ma tante elle-même n'a pas réfléchi, comme elle le devait, aux suites d'un pareil affront fait à un tel individu. Robespierre avait parfaitement compris que c'était une chose méditée par nous. Son rire de chacal ne nous l'avait que trop laissé voir.

Il devinait que nous avions dressé le griffon de la marquise aux attaques dont lui, Robespierre, venait d'être victime.

Dès ce jour, il jura de nous en faire repentir.

Les ongles de la bête fauve commencent à croître, patience ! Elle saura bien saisir le moment où nous n'aurons plus de défenseurs, pour se précipiter sur nous, la gueule béante.

Mirabeau repentant doit mourir, avant d'avoir pu fermer le gouffre qu'il a creusé lui-même sous les pas de la monarchie. Barnave indigné rompra brusquement en visière aux infâmes principes du Jacobinisme, et s'enfuira bien loin pour ne plus entendre le bruit de la hache, jusqu'au jour où la proscription viendra l'atteindre au fond de son exil. André Chénier, le noble et doux poète, maudira sous les grilles de la maison Lazare les inspirations de sa muse, et saisira le fouet de Juvénal pour en cingler la face des *bourreaux barbouilleurs de loi*. Nos amis, tous les bons, tous les généreux, les âmes droites et pures, les cœurs dévoués, Vergniaud, Brissot, Guadet, Rolland, tous sont destinés au martyre, ou doivent s'éloigner avec horreur de cette orgie monstrueuse du meurtre et de l'impiété, se roulant à l'envi dans le sang et dans la fange.

Il nous restera Robespierre.

Déjà l'illusion n'était plus possible; en tous

lieux régnait l'épouvante. La tête de Louis XVI avait roulé sur l'échafaud. Des brigands armés parcouraient les rues, se jetaient sur les prisons et massacraient les captifs, en chantant les refrains hideux de la Terreur. Les honnêtes gens se cachaient, tremblaient, n'osaient plus donner signe de vie.

On aurait pu tracer sur les portes de la capitale l'inscription funèbre et désespérante, qu'Alighieri écrivait au seuil de l'enfer.

La marquise était décidée à fuir; mais Paul avait accompagné Barnave à Grenoble. Ma tante ne voulait pas s'éloigner et laisser son fils au milieu de la tourmente. Elle lui expédia un courrier. Il revint, mais il était trop tard : la puissance tombait aux mains de cet horrible triumvirat (¹), dont Robespierre était le chef.

A peine eûmes-nous embrassé mon cousin

(¹) Par *triumvirat*, madame de Frenelle entend sans doute ici l'association terroriste de Robespierre, Danton et Saint-Just.

que nous fîmes en toute hâte nos préparatifs de départ.

Joseph prit l'avance et alla nous attendre à la barrière, avec une voiture modeste, contenant l'or et les pierreries que nous avions pu rassembler.

Dans l'unique but de ne pas exciter les soupçons, ma tante n'avait essayé de vendre ni l'hôtel, ni les meubles précieux dont il était rempli. Nous laissâmes le tout à la garde de la Providence et du suisse, gros Allemand goutteux, qui pouvait à peine se lever de son siége et faire deux pas dans sa loge. Il nous jura, quoi qu'il en fût, de défendre la porte contre tous les Jacobins et les sans-culottes réunis. Le malheureux ne prévoyait guère qu'au moment même où il nous tenait ce discours, on se préparait à envahir l'hôtel, et que d'autres barbares, lui réservant le destin des sénateurs de l'ancienne Rome, allaient le massacrer sur sa chaise curule.

En dépit de toutes les précautions que nous avions prises pour dissimuler ce départ à Robespierre, il en était instruit. Vous comprenez qu'il ne laissa pas échapper sa vengeance, à l'heure surtout où il pouvait la rendre si terrible.

Avions-nous été dénoncés par nos domestiques, renvoyés cependant avec de larges gratifications? Ou bien, la police secrète du triumvir, police ténébreuse qu'il entretenait à sa solde, avait-elle espionné nos démarches et lu dans nos regards la pensée de l'émigration?

Voilà ce qui est toujours resté pour nous une énigme.

La nuit commençait à descendre. Nous attendions qu'elle fût obscure, avant de nous éloigner, nouvelle précaution qui nous semblait utile malgré les déguisements dont nous étions couverts.

Soudain plusieurs coups violents retentirent à la porte d'entrée.

Paul s'élança vers la fenêtre, et je le vis presque aussitôt faire un geste de désespoir. Nous le rejoignîmes palpitantes. Le spectacle qui s'offrit à nos regards nous prouva que nous étions perdus. Sur le quai, jusque-là silencieux, se formait un rassemblement composé de ces hommes que vomissaient les égoûts populaires, figures ignobles hideusement coiffées du bonnet rouge, ramassis de brigands et de forçats, qu'on était sûr de voir accourir, dès qu'il s'agissait de meurtre ou de pillage. Ils étaient là, hurlant et brandissant leurs piques sanglantes. Plusieurs d'entre eux désignaient nos fenêtres, à travers lesquelles nous avions eu l'imprudence de nous laisser voir, et vociféraient le nom de la marquise, en y accolant les gracieuses épithètes inventées par le jargon démocratique pour insulter les nobles. En tête de ces forcenés, trois membres du comité de salut public, revêtus de leurs écharpes, faisaient retomber sur la porte de chêne le lourd marteau de bronze.

Ils donnèrent définitivement l'ordre d'enfoncer à coups de hache les battants qui refusaient de s'ouvrir.

En ce moment d'angoisse, nous ne trouvions pas une parole. Le sang se glaçait dans nos veines. Mon cousin nous entraîna presque mortes de peur. Il nous fit descendre l'escalier, traverser la cour, et nous nous trouvâmes dans le jardin de l'hôtel. A vingt pas de nous était une porte basse qui s'ouvrait sur la rue de Lille. Je compris que l'intention de Paul était de nous faire échapper par cette issue, — dernier espoir qui ne tarda pas à s'évanouir.

La porte était gardée.

Notre féroce ennemi connaissait trop bien les détours de l'habitation pour ne pas nous enlever ce moyen de salut.

Cependant les coups redoublés de la hache retentissaient sur la porte cochère. Le jardin dans lequel nous étions alors avait tout au plus dix toises carrées de superficie, et cinquante

pas seulement nous séparaient des cannibales acharnés à notre poursuite. Mon cousin résolut de se défendre. Il tira son épée.

Je tombai dans les bras de la marquise. Nous confondîmes nos sanglots et nos larmes.

Bientôt un fracas épouvantable nous apprit que l'obstacle qui retenait les septembriseurs venait de céder. Les cris et les hurlements redoublèrent. Mais, parmi ces cris, il y en eut un que je ne me rappelle jamais sans frémir jusqu'au fond de l'âme. Ce cri suprême, dans lequel il y avait tout à la fois de la douleur, de la colère et du désespoir, sortait de la poitrine du pauvre Allemand, que la goutte retenait cloué dans sa loge. Ils le frappaient, les lâches! ils assassinaient un vieillard! ils lui fendaient le crâne avec la hache dont ils s'étaient servis pour enfoncer la porte!

Nous nous embrassâmes, persuadés que nous allions mourir.

Paul se tenait avec nous sous un berceau de

charmille, à l'entrée duquel deux acacias nains mariaient leurs branches touffues.

Ces massifs, joints aux ténèbres qui commençaient à s'épaissir, devaient nous dérober quelques minutes de plus aux regards des meurtriers, et ces courts instants furent employés à recommander notre âme au ciel. Lorsque les brigands eurent fouillé la maison du haut en bas, ils se précipitèrent dans le jardin, sûrs que nous n'avions pu trouver d'autre refuge, et nous virent agenouillés et priant Dieu. Je renonce à reproduire les épouvantables blasphèmes qui sortirent de la bouche de ces monstres.

Ils avaient allumé des flambeaux, et lorsqu'ils nous entourèrent en poussant de sinistres éclats de rire et des hourras menaçants, je crus voir une assemblée de démons.

Tenant toujours à la main son épée nue, Paul se redressa et leur demanda de quel droit ils venaient traquer des citoyens inoffensifs.

L'un des membres du comité de salut public s'approcha de nous en trébuchant : le misérable était ivre. Il prononça d'une voix rauque plusieurs phrases entrecoupées de hoquets à faire bondir le cœur. Mais la foule des cannibales, trouvant sans doute qu'il se livrait à des divagations superflues, l'interrompit et nous cria :

— Chiens d'aristocrates, rendez-vous !

— A la lanterne !

— Non, ce serait dommage, dit un homme déguenillé, qui essaya de s'approcher de moi. La petite est gentille, et je prétends bien lui faire la galanterie de planter sa tête mignonne au bout de ma pique. Déjà plusieurs jolies comtesses, la Lamballe entre autres, ont eu l'honneur...

Il n'acheva pas.

Mon cousin, à qui le désespoir prêtait une force surhumaine, le saisit par ses haillons et l'envoya mesurer la terre.

Agitant ensuite son épée, qui décrivait, à la clarté des torches, un cercle étincelant :

— Lâches! dit-il, sans se laisser déconcerter par les cris furieux que venait de soulever son action, je ne vous permettrai pas d'égorger de faibles femmes, sans vendre chèrement leur vie et la mienne! Venez donc, cent contre un, cent bandits contre un homme de cœur!

Un coup de feu se fit entendre en réponse à cette provocation. Mon infortuné cousin tomba, l'épaule fracassée d'une balle.

Je voulus courir à son secours; mais les brigands se ruèrent sur nous, et je perdis connaissance au contact de leurs mains hideuses. Lorsque je revins à moi, j'étais avec ma tante au fond des cachots du Luxembourg. A nos côtés, sur la paille, se trouvaient une cruche de terre et deux morceaux de pain noir. Un soupirail garni d'épais barreaux, et placé à une hauteur de quinze pieds du sol, laissait à peine entrer quelques rayons de lumière dans cet affreux séjour.

On nous avait séparées de Paul.

Toutes les questions que nous adressâmes au gardien, pour nous informer de l'état de sa blessure et connaître son sort, demeurèrent sans réponse.

IV

Pourquoi Joseph Brabançon se coiffa du bonnet rouge et prit un costume qui le rendait encore infiniment plus laid.

Le lendemain, la duchesse me dit :

Robespierre seul avait ordonné notre emprisonnement. Il ne nous restait là-dessus aucun doute, et la guillotine se dressait devant nous en perspective.

Où aurions-nous pu trouver un défenseur? La plupart de nos amis n'étaient plus. Ceux qui existaient encore, loin de pouvoir nous sauver, tremblaient pour eux-mêmes.

Paul, blessé mortellement peut-être, gémissait comme nous dans les profondeurs d'un cachot.

Quant à mon brave et dévoué Joseph, les espions, si bien instruits de notre dessein de fuir, l'avaient arrêté sans doute, et nos dernières ressources, l'or et les pierreries contenus dans le véhicule étaient devenus la proie de la police. Nous n'avions même plus l'espoir de gagner nos geôliers par des largesses.

Mon père qui, sans être partisan de la Révolution, croyait devoir en suivre le cours, aurait pu nous sauver, soit par lui-même, soit par d'autres influences; mais, intime ami de Pichegru, il devait, à la recommandation de ce général, le titre de fournisseur de l'armée du Rhin.

Depuis trois mois il était à la frontière.

Comment l'avertir du danger qui nous menaçait? Mes lettres eussent été saisies de prime abord. Je n'aurais réussi qu'à le rendre suspect lui-même.

— Et qu'était devenu votre oncle le procureur, Madame?

— J'allais vous en parler, me répondit la duchesse. Vous savez quelle défiance j'avais de cet homme. Pourtant j'eus recours à sa protection, et je lui écrivis une lettre suppliante, car je voulais sauver deux existences qui m'étaient aussi précieuses que la mienne, surtout celle de la marquise, dont la santé s'affaiblissait chaque jour en respirant les miasmes d'un cachot malsain. Déjà se manifestaient chez elle les premiers symptômes d'une phthisie pulmonaire, qui bientôt devait l'enlever à notre tendresse.

Un de nos guichetiers, auquel je fis présent d'une chaîne d'or que j'avais conservée sur moi, porta la missive adressée à mon oncle.

Antoine de Sézanes habitait, comme je vous l'ai dit, une maison de la rue des Poitevins. Chaud partisan de la Révolution, il se mit en fureur contre mon commissionnaire et le chassa de chez lui, en jurant qu'il le dénoncerait.

Toutefois, il n'exécuta pas cette menace, qui plongea le pauvre homme dans des transes affreuses.

De plus en plus avide de richesses, le procureur avait vendu sa charge et se livrait à de coupables manœuvres d'agiotage, au moyen desquelles lui et d'autres coquins parvenaient à augmenter encore la détresse publique. Reçu chez les plus ardents démagogues, il flattait ceux dont il pouvait obtenir des nouvelles utiles à ses plans financiers.

Il se garda bien de faire la moindre démarche auprès de ses dignes patrons pour obtenir notre mise en liberté. M. de Sézanes, — il ne le savait que trop, — était en train d'amasser une fortune considérable dans la fourniture des armées.

La hache une fois descendue sur ma tête,

l'héritage de l'ami de Pichegru revenait de droit à mon oncle.

Mais le ciel ne permit pas que d'odieuses espérances se réalisassent.

Tandis que nous gémissions dans les souterrains du Luxembourg, notre fidèle serviteur n'avait pas été pris, comme je le craignais d'abord, et travaillait activement à nous délivrer. Le jour où deux gendarmes vinrent nous prendre pour nous conduire au tribunal révolutionnaire, nous aperçûmes, par la fenêtre ouverte d'une salle basse voisine du premier guichet, Joseph attablé vis-à-vis du concierge de la prison, buvant et fumant pour lui tenir tête.

Il n'eut pas l'air de nous connaître ; il ne dit pas un mot, il ne fit pas un geste. Mais il s'était posté là tout exprès sur notre passage, persuadé que sa présence seule serait assez éloquente, et il ne se trompait pas.

Nous eûmes bientôt une autre consolation inattendue.

On venait de nous introduire dans l'enceinte où siégeait le féroce tribunal, quand tout à coup un jeune homme, échappant aux mains du gendarme qui le gardait, s'élança vers nous et se jeta dans nos bras. C'était Paul, dont la blessure se trouvait en bonne voie de guérison; car on soignait les prisonniers, blessés ou malades, avant de les conduire au supplice : l'échafaud ne voulait que des victimes bien portantes.

Ainsi l'infâme sellette venait de nous réunir.

Presque au même instant, une voix aigre cria du fond d'une tribune voisine :

« — Qu'on sépare les prévenus. La République ne souffre pas que ses ennemis se livrent à de pareils épanchements! »

Nos gardes obéirent.

J'avais reconnu le fausset de l'avocat Robespierre. Le misérable voulait savourer jusqu'au bout sa vengeance. Il assistait à notre mise en jugement, pour exciter encore, s'il était possible, l'ardeur sanguinaire de ce tribunal qui n'acquittait jamais ; il voulait jouir de nos angoisses et nous punir jusqu'au bout de l'acte irrévérencieux commis par Murillo sur la personne du futur maître de la France.

Lorsque j'entendis le réquisitoire hurlé par ce tigre judiciaire qu'on appelait Fouquier-Tinville, je vis clairement sur le front des juges que l'arrêt de notre condamnation était rendu d'avance. On nous accusait, comme tous ceux qu'on voulait perdre, d'avoir conspiré contre la sûreté de l'État.

Certains passages de cette éloquence de guillotine sont restés gravés dans ma mémoire.

« Votre patriotisme, citoyens juges, disait Fouquier, ne nous refusera pas ces trois têtes. Jetez-les de ce côté de la balance, et nous enlevons l'autre plateau, celui qui est chargé d'entreprises séditieuses, de conspirations contre la République, de crimes et de parjures ! Trois têtes ? nous avons des preuves assez flagrantes pour en faire tomber mille. La ci-devant marquise de Frenelle accueillait à bras ouverts tous nos ennemis et les excitait à la révolte. Mirabeau fréquentait son cercle, Mirabeau! le traître qui a déserté l'étendard de la nation pour se ranger sous celui de la cour. Barnave était l'ami du fils de cette marquise, comprenez-vous, citoyens juges? Barnave, l'amoureux de la ci-devant reine! Ce n'est pas tout. Le plus éclatant modèle de civisme, Robespierre, le moderne Aristide, Robespierre l'Incorruptible, fut jadis obligé de fuir ce club de conspirateurs, dont les membres essayaient d'entamer sa vertu... »

— Dites plutôt d'entamer sa culotte! cria Paul, oubliant notre douloureuse position d'accusé, pour lancer un sarcasme du côté de la tribune, dont le voile remua convulsivement.

Le trait avait frappé le but.

Fouquier-Tinville saisit cette occasion de redoubler la violence de son réquisitoire.

« Les accusés bravent le tribunal! Ils ne manifestent aucun sentiment de repentir. Qu'on les acquitte aujourd'hui, demain l'hôtel du quai d'Orsay redeviendra ce qu'il était primitivement, un foyer de complots criminels. Les Girondins iront y lire leurs discours incendiaires; on y organisera des trames perfides pour rendre la couronne aux tyrans; on y appellera les armes de l'étranger contre la République Une et Indivisible, etc., etc. »

Devant des considérations aussi puissantes, les citoyens juges ne pouvaient avoir qu'une réponse : la mort.

Ils délibérèrent pendant à peu près deux minutes, puis on nous lut la sentence. Notre exécution était fixée au lendemain.

La mort! Je défends à l'homme le plus intrépide, au cœur le plus inébranlable, à la conscience la plus vertueuse, de rester calme en entendant prononcer ce mot terrible. Si chez le condamné la figure, les gestes, la démarche ne trahissent aucune émotion, tout cela ment, soyez-en sûr. Le frisson ne bouleverse pas ses membres, aucun nuage ne voile ses yeux, la sueur ne découle pas de son front; mais si l'on pouvait pénétrer jusqu'à ces mystérieuses profondeurs où se réfugie son âme, on trouverait la malheureuse anéantie, brisée. Tout ce qu'il peut y avoir en lui de sentiment, d'intelligence, de facultés immatérielles se révolte contre la destruction de son être. Le véritable courage ne consiste pas à mourir sans peur : il consiste, si je puis m'exprimer de la sorte, à mourir intrépidement, tout en ayant peur.

Certes, si nos bourreaux, que nous bravions du regard, avaient pu lire au fond de nous-mêmes, ils auraient joui de nos secrètes angoisses. Nous quittions le tribunal, le front haut, la démarche fière, et nous étions agités par les transes les plus poignantes de la douleur et de l'effroi.

Devant nous se dressait l'image de la lugubre guillotine, avec ses deux bras hideux et décharnés soutenant en l'air la hache qui devait s'abattre sur nos têtes. Nous y étions conduits dans l'ignoble tombereau. La foule sanguinaire hurlait à l'entour, nous accablant d'imprécations, — et demain, pas plus tard, demain la réalité !

Les espérances que j'avais conçues d'abord, en apercevant Joseph attablé au guichet de la prison, s'étaient complétement évanouies.

Quelques mesures qu'il eût prises, l'intendant n'arriverait jamais assez tôt pour les rendre efficaces. Du moins telle était ma crainte, mais j'avais tort.

En descendant les dernières marches d'un escalier sombre et tortueux, qu'on nous avait fait prendre pour nous reconduire à nos cachots respectifs, nous vîmes quelqu'un se glisser près de nous, et une voix nous dit tout bas à l'oreille :

— Courage! espoir!

En même temps, par un geste inouï de brutalité, l'individu qui avait proféré ces mots nous rejeta, ma tante et moi, sur la rampe de fer, en poussant des jurons formidables et en nous appelant *gueuses d'aristocrates*.

Paul s'élançait pour châtier cette insolence, mais il s'arrêta pétrifié. Il venait de reconnaître Joseph, — et sous quel costume, grand Dieu!

Son énorme tête était coiffée du bonnet phrygien, et sa massive corpulence se trouvait ensevelie dans une espèce de sarreau brun, souillé de fange et retenu par une ceinture, qui avait dû jadis avoir été tricolore. A cette ceinture étaient fixés quatre pistolets d'arçon et un grand sabre de cavalerie qui traînait sur les marches avec un fracas assourdissant. Pour compléter le costume, il avait les jambes entourées de rubans couleur de feu, simulant tant bien que mal l'ancienne attache du cothurne et de la chaussure romaine.

Ainsi affublé, il se donnait l'air aussi tragique que possible, appuyant l'une de ses mains sur sa hanche et balançant, de l'autre, une pique d'effroyable longueur.

Parvenu dans une cour que nous devions traverser pour atteindre les prisons, le gigantesque sans-culotte se retourna tout exprès, nous apostrophant encore et nous jetant à la face de nouvelles injures; puis il rejoignit au milieu du passage une vingtaine d'hommes, vêtus à peu près comme il l'était lui-même.

Il parut adresser à cette troupe une courte harangue, et tous ces hommes se précipitèrent au-devant de nous en poussant une clameur terrible.

Paul et la marquise craignirent d'être massacrés.

Un instant ils se figurèrent que Joseph était un traître, et qu'il voulait hâter notre fin pour s'approprier nos dépouilles. Ils ne connaissaient pas comme moi le brave intendant.

L'ombre d'un doute ne me vint même pas à l'esprit. Je demeurai convaincue que tout ce manége était une comédie jouée en notre faveur, et dont le dénouement probable allait être notre délivrance.

— Où conduisez-vous ces prisonniers? demanda Joseph d'une voix de tonnerre aux gendarmes qui nous accompagnaient.

— Cela ne te regarde pas, citoyen, répondit l'un d'eux. Nous exécutons les ordres que nous avons reçus. Laisse le passage libre, ou je te prouverai tout à l'heure que mon sabre est affilé.

— Ton sabre, cria Joseph, en roulant des yeux furibonds, ne sortira pas du fourreau, — non, de par le diable! car nos piques sont longues et nos pistolets ont double charge. Pousse un cri, fais un geste, tu es mort! Est-ce compris? Maintenant écoute : les aristocrates que voilà sont condamnés, et le peuple souverain n'attendra pas un jour, quand il peut à l'instant même se débarrasser de ses ennemis. Là-bas, tu le sais, la guillotine est toujours prête. D'ailleurs, si elle fait la bégueule et refuse le service, les lanternes n'ont pas été inventées pour éclairer les rues!

Ce beau discours du chef des sans-culottes fut applaudi de la troupe entière.

Les gendarmes venaient de se mettre en défense; mais je ne craignais pas de collision; car, entre eux et Joseph, j'avais surpris certains regards qui me révélaient une entente cordiale. Ils résistaient pour la forme et voulaient paraître n'avoir cédé qu'à la violence, attendu que, dans cette affaire, ils jouaient leur tête.

Plusieurs guichetiers accouraient sur le lieu de la querelle, et bon nombre de curieux se montraient aux fenêtres de cette partie du Luxembourg. L'intendant s'aperçut qu'il n'avait pas une minute à perdre.

— Une fois, deux fois! cria-t-il, voulez-vous

livrer les chiens d'aristocrates que vous menez en laisse?

— Non ! répondirent les gendarmes. Au large !

Ce disant, ils agitaient leurs sabres nus avec un air d'intrépidité qui, au lieu d'imposer à l'ennemi, parut accroître son audace.

— En ce cas, dit Joseph, vous allez la danser d'une jolie manière. A moi, camarades, en avant ! Tombons dessus !

La troupe exécuta cet ordre avec un ensemble merveilleux, et la victoire ne fut pas longtemps incertaine. Tout en faisant mine d'opposer une vigoureuse résistance, les gendarmes étaient trop prudents pour prolonger la lutte, et donner aux soldats du corps de garde voisin l'idée de leur envoyer du renfort. D'ailleurs, des fenêtres et des divers coins de la cour, on leur criait de ne pas se laisser égorger. Donc, les sans-culottes que Joseph avait sous ses ordres les désarmèrent, les terrassèrent et les garottèrent, tout cela si promptement que c'était merveille à voir. Jamais la chose ne se fût passée de la sorte, si les vaincus n'y eussent mis une aussi admirable bonne volonté.

Cette besogne faite, la troupe victorieuse ne s'amusa pas à triompher sur le champ de bataille.

L'intendant s'empara de nous, fit sonner la retraite, franchit le guichet de la rue de Vaugirard, et se hâta de nous perdre dans ce labyrinthe de ruelles étroites qui avoisinent encore aujourd'hui Saint-Sulpice.

On était à la fin d'octobre.

Un épais brouillard, comme il en descend parfois sur la capitale, semblait nous être envoyé par la Providence, et nous atteignîmes sans encombre la rue des Canettes, à l'angle de laquelle stationnait un fiacre. Joseph nous poussa dans cette voiture. Puis, comme les sans culottes, ses amis, nous ôtaient respectueusement leurs bonnets rouges, il jeta le sien dans le ruisseau pour répondre à leur politesse, prit place à nos côtés, fit un signe rapide, et le fiacre s'éloigna au galop.

L'excellent homme pleurait de joie. Nous étions sauvés !

Après avoir fait d'assez longs circuits dans le faubourg Saint-Germain, le cocher gagna la Seine, dépassa l'Hôtel-de-Ville, prit la rue Saint-Antoine et nous descendit sur la place Royale. Son itinéraire lui avait été tracé à l'avance. La nuit tombait, le brouillard la rendait encore plus obscure, et nous étions parfaitement à l'abri des regards curieux et de l'espionnage.

Cinq minutes plus tard, nous frappions à la porte d'une maison de la rue Culture-Sainte-Catherine, où le citoyen Joseph Brabançon, très-estimé dans le voisinage pour ses vertus républicaines, avait loué, la veille, près de la chambre qu'il occupait, un modeste appartement composé de trois pièces et d'une cuisine, afin d'y loger la citoyenne veuve Brabançon, sa belle-sœur, ainsi que Paul et Marguerite Brabançon, ses neveu et nièce.

Il nous présenta au propriétaire comme d'honnêtes provinciaux, fraîchement débarqués, et venant exercer à Paris un petit commerce de pacotille.

Le soir même, Joseph nous fit prendre des costumes en rapport avec notre nouvelle position sociale.

Nous apprîmes seulement alors tout ce qui lui était arrivé depuis notre arrestation. Soupçonnant quelque malheur, en voyant que nous ne venions pas le rejoindre à l'heure convenue, il prit sur lui tous nos objets précieux et donna l'ordre au conducteur de la voiture d'aller stationner sur la route à quelque distance. Il se tint lui-même à l'écart, observant et nous attendant toujours. Enfin, il perdit tout espoir et se déguisa pour rentrer dans la ville, où, en rôdant autour de l'hôtel de ma tante, il apprit notre malheur et notre captivité.

Ce courageux ami eut bientôt dressé le plan que vous l'avez vu mettre à exécution.

Le guichetier principal, séduit d'abord, fit accepter les offres de Joseph aux gendarmes qui devaient nous accompagner à la barre. On convint des mesures à prendre pour sauver toutes les apparences de complicité.

Vous êtes au courant du reste.

Notre or et nos diamants achetèrent les satellites du pouvoir (1), et le brave intendant sacrifia jusqu'à ses propres ressources, afin d'intéresser à notre cause une vingtaine de forts de la Halle, qui se déguisèrent en sans-culottes et lui vinrent énergiquement en aide.

Trente ou quarante louis lui restaient encore. Mais il fallait nous trouver un asile.

---

(1) Ce n'était pas chose facile à cette époque. Souvent on n'arrivait pas, même avec des sommes énormes, à gagner un geôlier qui, pour vous procurer le salut, devait mettre sa tête en jeu. On raconte que celui de la Conciergerie refusa un écrin de la valeur de trois cent mille francs, que lui offrait une de ses prisonnières.

Fuir de Paris était chose à laquelle il ne fallait plus songer. Ce fut alors que Joseph, en louant au propriétaire de la rue Culture-Sainte-Catherine, nous annonça comme des personnes de sa famille arrivant de Grenoble. Il nous acheta des meubles et s'occupa lui-même de garnir une espèce de magasin qui donnait sur la rue. Nos marchandises, — on pouvait tout de suite en juger par l'étalage, — consistaient en cocardes, en rubans tricolores, en calendriers républicains et en gravures scandaleusement enluminées, qui représentaient les principaux épisodes de la Révolution.

C'était nous imposer un commerce patriotique tout à fait en désaccord avec nos opinions et nos principes ; mais le plus sûr moyen de déjouer les recherches et d'écarter les soupçons était celui-là.

Dans ce quartier populaire, on ne respectait et on ne protégeait que les personnes *bien pensantes*.

Joseph nous déclara que, tous les frais payés, il lui restait à peine quelques pièces de monnaie pour suffire à nos premiers besoins, et qu'il allait, dès le lendemain, s'installer au coin du faubourg Saint-Antoine, où il exercerait le métier de commissionnaire, — attendu, disait-il, que notre commerce n'était qu'une *frime* et ne pouvait pas nous conduire loin.

Cette nouvelle preuve de dévouement nous toucha jusqu'aux larmes, et nous résolûmes de travailler aussi pour alléger ce généreux vieillard.

Je cherchai de l'ouvrage et j'eus le bonheur d'en trouver.

Mon cousin, très-habile dessinateur, composa plusieurs sujets qu'il vendit aux marchands de gravures, et la marquise, ma sainte et malheureuse tante, qui nous cachait les ravages du mal intérieur dont elle était dévorée, se mit à fabriquer des cocardes, tout en siégeant au comptoir.

Nous menions une existence douce et paisible, sans regretter notre ancien état de fortune.

Paul travaillait auprès de moi. Le matin j'avais sa première parole, le soir il avait mon dernier sourire. Sa mère nous eût unis dès lors, si, dans ces jours de proscription, il eût été possible de trouver un prêtre pour bénir notre hymen, après avoir obtenu les dispenses que le degré de parenté nécessitait entre nous.

Hélas! elle ne devait pas voir ce jour qu'elle appelait de tous ses vœux.

Le temps de l'infortune était loin d'être passé pour nous et de funestes catastrophes s'apprêtaient à fondre sur nos têtes.

Un soir, on nous rapporta Joseph ensanglanté, meurtri, presque mort. Dans ses courses habituelles, au moment où il était chargé d'un coffre très-lourd, le pauvre homme fut renversé par une voiture de place. Une des roues lui fracassa la jambe. Il était encore étendu sur son lit de douleur, lorsque la marquise, ne pouvant plus, malgré son angélique patience, nous dissimuler ses tortures, fut obligée de s'aliter elle-même.

Nous la vîmes, en peu de jours, réduite à l'extrémité.

Jusque-là si courageux, mon cousin ne put supporter ce dernier malheur. Il se livrait à un désespoir qui achevait de m'accabler moi-même. Nuit et jour, au chevet de sa mère expirante, il accusait presque Dieu d'injustice et sanglotait à fendre l'âme.

Pendant près d'un mois nous prodiguâmes les soins les plus assidus à la marquise, sans le moindre espoir de la conserver à notre amour.

Toute espèce de travail nous devenait impossible, et nous fûmes obligés de vendre la plus grande partie de nos meubles pour acheter les remèdes prescrits par les ordonnances du médecin. Celui-ci, voyant la marquise reprendre connaissance, après neuf jours d'un délire continuel, nous déclara qu'elle n'avait plus une heure à vivre. Le visage de ma pauvre tante se décomposait aux approches de la mort et sa poitrine se gonflait sous le râle de l'agonie.

Entendant nos sanglots, elle fit un effort pour se dresser à demi sur sa couche et nous presser une dernière fois contre son sein.

— Je vous quitte, mes enfants, murmura-t-elle d'une voix éteinte, je vous quitte au moment où notre généreux libérateur ne peut plus ni vous protéger, ni vous défendre. Oh! dites-lui bien qu'à ce moment suprême j'ai béni son nom! Regardez-le comme un second père. S'il était loin de vous par l'humilité de la naissance, il s'en est rapproché par le cœur. Ne pleurez pas! Ce qu'on appelle la mort est la fin de l'exil... Je vous précède là-haut, dans la patrie! Dieu me permettra de veiller sur vous.

La marquise retomba, pâle et glacée.

Paul venait de perdre sa mère; j'avais embrassé pour la dernière fois ma noble protectrice, ma meilleure amie.

V

Réapparition d'un personnage, pour lequel le lecteur
ne professe qu'une estime médiocre.

Le lendemain, la duchesse m'annonça qu'elle ne donnerait que peu d'instants à son récit, et que nous irions achever la soirée chez madame d'Étanges, où j'avais eu le plaisir de la rencontrer pour la première fois.

— J'ai besoin, dit-elle, de prendre un peu l'air des salons, car mon histoire m'attriste moi-même. En réveillant ces pénibles souvenirs, j'étais loin de penser qu'ils dussent faire encore sur mon âme une impression aussi vive. Je ne m'étendrai donc pas sur les jours de misère et de larmes qui suivirent la mort de ma tante.

Le vieux Joseph se rétablissait lentement.

Mon cousin ne pouvait plus vendre ses croquis. Pour moi, si je parvenais à trouver quelque ouvrage d'aiguille, le salaire en était si faible, qu'il suffisait tout au plus à nous empêcher de mourir de faim. Nos derniers meubles et les divers objets qui faisaient partie de notre fonds de commerce avaient été vendus à vil prix, et nous devions deux termes au propriétaire.

Depuis un mois que la marquise était inhumée au Père-Lachaise, j'allais tous les matins avec Paul prier sur sa tombe.

Un jour, nous fûmes suivis par un personnage enveloppé d'un long manteau de couleur sombre. Vainement nous prîmes de longs circuits afin de lui dérober nos traces, il reparaissait tout à coup lorsque nous avions l'espérance de l'avoir dépisté.

Paul voulait aborder cet homme pour lui demander compte de son espionnage.

Je le suppliai de se tenir en repos.

Si nous avions eu affaire, ainsi que je le croyais, à la police secrète de notre infernal ennemi, nous pouvions être arrêtés sur l'heure, et, certes, on n'aurait pas pris la peine de nous juger une seconde fois.

Ce jour-là, nous restâmes jusqu'à près de midi sous les cyprès du cimetière, espérant que l'homme au manteau se fatiguerait d'attendre et renoncerait à nous poursuivre.

En effet, nous ne le vîmes plus au retour.

Mais, à l'instant même où nous mettions le pied sur le seuil de notre demeure, il déboucha de l'une des extrémités de la rue et vint coller son visage aux carreaux de la boutique.

A cette vue, je faillis tomber à la renverse.

N'écoutant plus aucune considération, Paul se précipita dehors, et Joseph en dépit de sa jambe malade, courut lui prêter main forte. Bientôt ils amenèrent l'espion, qui se laissa conduire sans opposer la moindre résistance.

— A merveille! dit-il, en jetant son manteau. Je n'ai pas eu tort de vous suivre d'un peu loin, pour vous empêcher de me faire croquer le marmot jusqu'à la nuit. C'est bien vous, ma nièce; c'est bien vous, monsieur de Frenelle. Parbleu! je suis ravi d'être en famille.

Nous avions devant nous l'ancien procureur, en éperons et en bottes jaunes, en pantalon de chamois et en cravate flottante. Son gilet blanc se trouvait rabattu sur les revers d'une magnifique redingote de velours grenat. L'une de ses mains gantées agitait une fine cravache à pomme d'or. Il avait, en un mot, le costume adopté, depuis, par les Incroyables du Directoire.

Voyant que nous restions muets de stupeur, il prit un siége et nous regarda l'un après l'autre avec un air d'ironie.

— Qu'est-ce à dire? poursuivit-il, — et, tout en parlant, il se dandinait et secouait avec sa cravache la poussière de ses bottes, — votre réception, ma nièce, est loin d'être flatteuse. M'auriez-vous, par hasard, gardé rancune au sujet de notre ancien démêlé? Fadaises! Et vous, monsieur le marquis, j'aime à croire que vous n'avez pas ajouté foi aux propos de cette petite? Ah! ça mais, diable! Si vous ne m'aidez pas un peu mieux à soutenir la conversation, je vais avoir l'honneur de vous tirer mon salut.

— Pas encore! s'écria Joseph, qui, revenu le premier de son étonnement, s'empressa d'aller fermer à double tour la porte d'entrée.

Il se rapprocha de mon oncle et lui lança

des regards, dont celui-ci ne parut pas intimidé le moins du monde.

— Te voilà, maraud? lui dit-il. C'est la première fois que tu oses te présenter à mes yeux depuis la belle équipée de Sézanes. Tu es bien heureux que je n'aie pu te rejoindre dans ta fuite, car il y allait pour toi de la potence. Enlever une demoiselle noble, faquin!... Mais, au fait, je n'avais pas alors examiné de près ton physique, et maintenant je me rassure. C'était un enlèvement par procuration, ajouta-t-il avec un sourire narquois, en se tournant du côté de Paul.

— Je vous conseille de laisser là ces plaisanteries de mauvais goût, dit Joseph d'une voix rude. Et d'abord il faut nous dire ce que vous venez faire ici, où personne ne vous appelle.

— Insolent! double bélître! cria mon oncle, qui leva sa cravache pour en cingler le vieux serviteur.

Un cri d'indignation s'échappa de mon sein. Paul courut arrêter le bras d'Antoine de Sézanes.

— Monsieur, lui dit-il avec fermeté, qui vous donne le droit de vous conduire ainsi? Je vous défends de frapper ce vieillard, et je regarderai comme personnelle toute injure qui lui sera faite. Ainsi, tenez-vous pour averti. Je conviens qu'il n'a pas mis à vous questionner les formes désirables, mais votre conduite, lors de notre arrestation, nous dégage à votre égard, — sachez-le bien, Monsieur, — de tout ménagement, de toute politesse. Je vous demande à mon tour ce qui vous amène aujourd'hui près de nous?

— Bien, bien! fit mon oncle, en se rasseyant avec le plus grand calme, je vois où gît le lièvre.

— Votre nièce, reprit Paul, était menacée de l'échafaud. Je ne parlerai pas de ma mère, morte à la suite des tortures qu'on lui a fait endurer dans sa prison...

— Quoi! vraiment, interrompit l'hypocrite, cette chère marquise est défunte? Je vous jure que je prends une part très-vive...

— Ma mère et moi, nous étions en quelque sorte des étrangers pour vous, Monsieur; dispensez-vous de nous donner les marques d'une compassion menteuse.

— Fort bien, jeune homme, allez toujours! Il est heureux que ma nièce ne se joigne pas à vous et à l'ex-intendant du château de Sézanes pour faire sa partie dans ce concert de mauvais compliments, que vous me servez avec une gracieuseté sans exemple. Voyons, Marguerite, ajouta-t-il, en essayant de me prendre la main, que je retirai brusquement, vous devez avoir quelques malédictions en réserve pour l'oncle sans entrailles qui a refusé de s'intéresser à votre malheureux sort? Eh! mon Dieu, ne vous gênez pas non plus, ma nièce, videz votre cœur, accablez-moi! Quelques injures de plus ou de moins ne feront rien à la chose.

— Monsieur, répondis-je, il y a longtemps que je demande au ciel de m'envoyer l'oubli de vos torts et de préserver mon cœur de la haine.

— Ah! voici du moins qui est chrétien! J'aime à vous voir, ma très-chère nièce, professer des sentiments aussi évangéliques, à une époque où ils deviennent chaque jour plus rares. Voyons quels sont mes torts, et cherchons en quoi j'ai pu mériter votre haine. Daignez vous asseoir, monsieur le marquis, — et vous, précieux intendant, ne me regardez pas ainsi d'un air à vouloir me manger tout cru!

L'aplomb d'Antoine de Sézanes déconcerta pour un instant Joseph.

Mon cousin lui-même sentait tomber sa colère et commençait à croire que l'ex-procureur pouvait bien n'être pas aussi coupable que nous nous l'étions imaginé.

— En ce bas monde, reprit mon oncle, chacun pour soi, Dieu pour tous! Ceci, allez-vous me dire, est le principe fondamental de l'égoïsme. Je l'avoue, mais en même temps je soutiens que l'égoïsme est un sentiment fort naturel. Personne n'a le droit de le condamner. Qui me forcera, par exemple, d'exposer ma vie pour sauver celle des autres? Irai-je essayer d'arracher une gazelle de la griffe d'un tigre, au risque de me faire dévorer ensuite? Non, parbleu! Celui qui l'exigerait serait absurde. Or, ma nièce, vous étiez la gazelle, et Robespierre était le tigre. Vous entendez les premiers rugissements du monstre, et vous ne fuyez pas, ni vous, ni votre tante, ni monsieur le marquis. Au contraire, vous agacez l'animal féroce, et, quand il s'est jeté sur vous, quand il vous tient dans sa gueule et sous sa griffe, vous m'appelez à votre secours. Que pouvais-je faire en pareille occurrence?

— Essayer du moins de nous sauver, répondis-je avec amertume.

— Ceci, ma nièce, est facile à dire. Mettez-moi tout à l'heure en présence d'un tigre véritable, d'un tigre du désert, et celui-là je pourrai l'aborder peut-être. Il me suffira d'un peu de courage pour le frapper d'une balle, ou pour lui percer le flanc d'un couteau de chasse. Mais le tigre humain, l'homme-tigre, halte-là ! Vous ne me verrez jamais me frotter à ce genre d'animal. Il possède les instincts de la bête carnassière, plus le raisonnement, qui lui permet de dévorer tout à son aise et de prendre mille et une précautions pour se rendre invulnérable. Ensuite, — attendu qu'il verse le sang, tue et massacre par système, — il regarde comme autant d'ennemis ceux qui essaient de le fléchir ou de lui arracher une victime. Attirer sur moi l'attention de Robespierre, malgré l'ancienne camaraderie que je pouvais invoquer dans ma requête au terrible personnage, c'eût été me perdre sans vous sauver. Danton était son ami, et il a fait couper le cou à Danton, — sans compter que Saint-Just, un autre ami, pourra bien y passer quelque jour. Bref, je vous plaignais, ma nièce, j'étais désespéré de vous savoir en péril de mort, — sincèrement désespéré, je vous le jure! Mais, en fin de compte, je tiens à ma peau. J'ai tout fait jusqu'alors et je ferai tout pour qu'on ne l'entame pas.

Le discours était clair.

Aucun de nous n'essaya d'opposer à cette belle logique une objection directe.

— Il me semble, Monsieur, dit Paul, que votre conduite de ce jour se concilie médiocrement avec votre système de prudence. Nous sommes frappés de proscription, vous ne l'ignorez pas, et, si l'on découvrait notre retraite, si l'on pouvait savoir que vous nous avez rendu visite...

— En effet, dit Joseph, vous exposez là bien inconsidérément cette peau, que vous avez si grande envie de conserver! Vous ne quitterez pas notre domicile avant que je n'aie pris toutes les mesures que nécessite la circonstance. J'ai fermé la porte à double tour. Soyez sans crainte, la clé ne sortira pas de ma poche.

— Ah! ça, maroufle, aurais-tu l'intention de me retenir malgré moi?

— D'abord, répliqua Joseph, vous saurez qu'il ne me plaît pas d'être appelé maroufle. Quant à l'intention de vous retenir, elle est formelle. N'agitez pas votre cravache et laissez-moi poursuivre. Je vous garde sous ma surveillance immédiate, à laquelle vous serez sage de ne pas essayer de vous soustraire, car si ma jambe est encore faible, mon poignet n'a rien perdu de sa vigueur. Ainsi voilà qui est dit! Maintenant, désirez-vous connaître le véritable motif de ma résolution? Je ne demande pas mieux que de vous l'apprendre. Franchise avant tout.

— Voyons, parle.

— Oh! c'est très-simple! Je me défie d'un homme qui raisonne comme vous le faites et prouve si nettement qu'on doit abandonner ses proches au bourreau. Je me défie d'un personsonnage dont les allures ressemblent à celles d'un espion : tous les crimes sont frères.

— Misérable! hurla mon oncle, qui bondit de son siége, le visage pourpre et l'œil enflammé.

— Pour tout dire enfin, continua Joseph avec un calme imperturbable, je me suis imposé le devoir de veiller sur ces deux enfants. Je les ai sauvés de la guillotine, moi! car, Dieu merci, chacun ne pense pas comme vous en ce monde. Je veille sur eux, j'ai peur et j'agis en conséquence.

Mon oncle devina qu'il ne gagnerait rien à se heurter contre la volonté de bronze du courageux intendant.

— Ainsi, lui demanda-t-il, tu me crois capable de dénoncer Marguerite et son cousin Paul de Frenelle ?

— Oui, répondit froidement Joseph.

— Il me reste à vous remercier, ma nièce, il me reste à vous féliciter, monsieur le marquis, dit Antoine de Sézanes avec un ton de solennité sentencieuse, de l'espèce d'approbation tacite que vous accordez aux paroles insultantes d'un valet.

— Ce n'est pas un valet, c'est un ami, c'est un père! interrompit vivement mon cousin.

— Soit. Égalité, paternité, cela se rapproche de la devise du jour. Recevez là-dessus mes félicitations, mais permettez-moi de vous les épargner sur le reste. Vous êtes si bien disposés en ma faveur, Marguerite et vous, que nécessairement vous ne me croirez pas, si je vous affirme que, depuis trois semaines, je vous cherche dans tous les coins de la capitale, non pour vous dénoncer, non pour vous livrer au bourreau, mais pour vous donner des nouvelles d'une personne qui doit vous être chère, attendu qu'elle nous touche de fort près, vous et moi.

— Vous parlez de M. de Sézanes? s'écria Paul.

— O mon oncle, murmurai-je, en joignant les mains, ne nous abusez pas, je vous en conjure !

Joseph ému s'approcha de l'ancien procureur.

— S'il est vrai, Monsieur, lui dit-il, que tel soit l'objet de votre démarche, si vous nous en donnez la preuve, je n'hésiterai pas à rétracter mes discours et à vous faire d'humbles excuses. Pourquoi vous le cacher ? nous sommes à bout de ressources, et retrouver M. de Sézanes serait pour sa fille un bonheur inespéré. Veuillez donc oublier ce que je vous ai dit. Le malheur engendre la défiance. Il faut pardonner quelque chose à ceux qui ont souffert.

— J'accepte vos regrets, dit mon oncle d'un air digne. Au milieu des mauvais jours que nous traversons, un danger de mort a pu me trouver sans courage ; mais il y a loin, croyez-le bien, de la faiblesse au crime. Tenez, Marguerite, voyez cette lettre que j'ai reçue de votre père.

— Il tira de sa poche un papier qu'il me présenta, et dont je lus avidement le contenu.

M. de Sézanes se reprochait de nous avoir abandonnées, la marquise et moi, pour sacrifier à des projets d'ambition et de fortune. Il aurait dû prévoir, disait-il, les suites du bouleversement révolutionnaire et ne pas laisser deux faibles femmes exposées à la rage aveugle des hommes qui gouvernaient la France. Il parlait de mon mariage avec le jeune marquis et priait mon oncle de nous aider de ses conseils et de sa protection, ajoutant qu'il se disposait à quitter bientôt Pichegru et à venir réclamer une somme très-importante, dont on lui refusait le paiement. Suivaient des regrets exprimés avec amertume, une satire violente de l'ordre de choses actuel, et des injures contre les membres de la Commune et de la Convention, qu'il traitait de bourreaux et d'escrocs.

— Grand Dieu! m'écriai-je, que serait

devenu mon père, si cette lettre eût été saisie?

— Bien évidemment, dit Antoine de Sézanes, il y avait de quoi faire tomber ma tête avec la sienne. Je ne m'explique pas une pareille imprudence. Il faut que là bas, aux frontières, ils n'aient pas la moindre idée de ce qui se passe ici. Mais ce n'est pas tout, poursuivit-il, en présentant à Paul un autre papier.

C'était un numéro de cette feuille dégoûtante, que l'infâme Hébert rédigeait sous le nom de *Père Duchesne*.

J'ai conservé ce journal, me dit la duchesse, en se levant. Demain, je vous le mettrai sous les yeux. Il me serait impossible de vous lire à haute voix l'article de ce folliculaire abject qui, pour mieux se faire comprendre d'un peuple dégradé, parlait son idiome et trempait sa plume dans l'égoût.

Quelle époque!

N'est-ce pas effroyable de penser que vos démagogues modernes seraient absolument comme ceux-là?

— Vous vous trompez, Duchesse : ils seraient pires.

VI

Où l'ancien procureur continue de jouer un rôle détestable.

Voici le journal dont je vous parlais, mon ami : prenez et jugez.

La duchesse m'indiqua le passage, et je lus ce qui suit :

« Pichegru est un traître, c'est f..... bien connu ? Donc tous les b...... à poil, tous les vrais citoyens soutiendront avec moi que ce chenapan de général ne peut plus rester à la tête des armées de la République. Il faut que la Convention soit b......... lâche pour ne pas le citer à sa barre, et si le peuple se comportait comme il doit le faire.... Mais le peuple aussi devient lâche, — Oui, n.. de D...! — je suis tenté de le croire, attendu que ce verrat de Pichegru nous insulte impunément jusqu'à la bride. Ne s'entoure-t-il pas des ennemis de la patrie? ne les engraisse-t-il pas de nos sueurs? Je n'en veux pour preuve que la lettre insolente écrite à la Convention par le fournisseur Sézanes, un ex-noble, un pourceau d'aristocrate, qui réclame quinze cent mille livres, — hein! qu'en dites-vous? — Quinze cent mille livres, quand nos malheureux soldats n'ont point de culottes et marchent pieds nus comme des chiens! Or, vous saurez que Sézanes menace la Convention de venir à Paris lui faire un procès. Que pensez-vous de cela? s.... tonnerre! Eh bien, qu'il vienne, le scélérat, qu'il vienne! Nous le découperons en quinze cent mille morceaux et nous lui f........ quinze cent mille piques dans le ventre! »

Je rendis le journal à la duchesse, en faisant un geste d'horreur.

Après avoir lu ces lignes exécrables, me dit-elle, nos yeux se portèrent sur mon oncle avec angoisse.

— Oui, murmura-t-il, répondant à notre question muette, cela n'est que trop vrai : M. de Sézanes a menacé la Convention. Je crains même qu'il n'abandonne, ainsi qu'il l'annonce, le camp de Pichegru pour venir entrer en lutte avec elle, ce qui serait un acte de folie sans exemple.

— Et vous ne lui avez pas écrit, vous ne l'avez pas détourné de ce fatal projet!

— Lui écrire, ma nièce? mais vous n'eussiez pas osé le faire vous-même. Encore une fois, je pleure sur les infortunes qui peuvent atteindre des parents que j'affectionne. Je m'efforce de les retirer du gouffre où ils se plongent, sans croire utile de m'y précipiter avec eux. Ecrire, quelle imprudence ! La suscription seule de ma lettre : « A Monsieur de Sézanes, fournisseur de l'armée du Rhin, » l'eût fait intercepter sur le champ. Ma parole d'honneur, chère nièce, si j'étais à la tête d'un riche patrimoine, je croirais que vous avez l'intention très-positive de m'expédier sous la tombe, afin d'être plus vite mon héritière.

— Oh ! Monsieur !

— J'aurais pu, m'objecterez-vous, lui envoyer une lettre anonyme : eh ! n'eût-elle pas été saisie également ? D'ailleurs, quelle créance y eût donné M. de Sézanes ? Supposons que j'aie voulu lui transmettre un message verbal : qui garantissait la discrétion du messager ? Je ne crois pas aux honnêtes gens, lorsque l'espionnage et la délation sont à l'ordre du jour, et se payent comme les plus honorables services. Je l'ai dit et je le répète, je tiens à ma peau. Depuis que j'ai reçu la missive de mon frère, je me suis mis à votre recherche, afin de m'entendre avec vous sur le parti à prendre dans la circonstance.

— Hum! fit l'intendant, vous pouviez nous chercher ainsi jusqu'à la consommation des siècles.

— En effet, ce n'est pas chose facile que de chercher à Paris des gens qui se cachent; mais avec une volonté ferme on arrive à tout. Je savais que vous vous étiez enfuis des prisons du Luxembourg. Chacun s'est entretenu de votre évasion. Robespierre à la tribune, Marat et le père Duchesne dans leurs journaux, ont assez tempêté contre les *faux patriotes qui délivrent les aristocrates!* On n'avait aperçu vos cadavres à aucune lanterne. La ruse devenait notoire. Pour moi, je pensai avec raison que vous n'aviez pas dû quitter Paris : on s'y dérobe aux recherches beaucoup plus facilement que partout ailleurs, et j'avais l'espoir de vous rencontrer sous quelque déguisement.

— Permettez, ne divaguons pas, dit Joseph. Il faut, ce me semble, aviser avant tout au moyen d'avertir M. de Sézanes.

— Oui, certes, ajouta Paul, il n'y a pas un instant à perdre.

— A qui le dites-vous? fit mon oncle.

— Hélas! si mon pauvre père était arrivé, s'il tombait au pouvoir des Conventionnels?...

— Non, non! cela n'est pas, interrompit le traître, dont le visage se couvrit d'une teinte livide. Son retour dans la capitale aurait fait du bruit, aurait soulevé des passions. Je n'ai pas lu sur les journaux un seul mot qui doive nous inspirer cette crainte.

En parlant ainsi, Antoine de Sézanes était violemment ému. Sa voix tremblait, la sueur découlait de ses tempes à gouttes pressées.

Quelle pouvait être à nos yeux la cause de cette émotion?

Je l'attribuais pour ma part à l'intérêt de famille, dont mon oncle, en dépit de son égoïsme, semblait encore donner quelques marques. Paul et notre vieil ami pensaient de même. Comment supposer que la peur seule de ne pas accomplir jusqu'au bout un plan criminel jetait le trouble dans l'âme de cet autre Caïn?

Mon père était à Paris, mon père était déjà au fond des cachots.

Bravant tous les périls, rongé d'inquiétude à mon sujet, craignant en outre que la mauvaise foi des gouvernants ne lui fît perdre une grande partie de sa fortune acquise, il avait quitté la frontière, où il se trouvait sous la sauvegarde du général, son ami.

Sa première démarche pour se faire payer des sommes qui lui étaient dues, bien légitimement du reste, fut le signal de sa perte.

Comme il n'ignorait pas à quoi ses réclamations l'exposaient, il descendit d'abord rue des Poitevins, supplia son frère de s'informer de nous et lui confia une somme de huit cent soixante mille livres en contrats de rente au porteur sur différentes banques de l'étranger.

Mon oncle, en recevant ce dépôt, jura, si M. de Sézanes succombait, de remettre la somme entre mes mains.

Il assura qu'il allait se livrer aux plus actives recherches pour découvrir notre retraite, et qu'il nous ferait passer ensuite en Allemagne, où s'accomplirait mon mariage avec le marquis.

Vous devinez quelles étaient ses intentions. Il ne songeait en aucune sorte à tenir son serment.

Jeté sous le plus grand secret, tant l'injustice était flagrante, dans les prisons de la Conciergerie, mon père ne devait en sortir que pour être conduit à la mort.

De ce côté déjà, sécurité parfaite pour Antoine de Sézanes.

Toutefois, la victime, à son heure suprême, pouvait, en présence de témoins, mentionner le dépôt confié à l'ancien procureur. Mon oncle avait tous les vices, mais il ne renonçait pas à la considération que donne la vertu, et l'hypocrisie lui inspirait ses ruses les plus coupables. Il voulait s'approprier le dépôt, sans qu'on pût l'accuser un jour d'avoir dépouillé une orpheline.

Comment arriver là?

Son imagination monstrueuse n'était jamais en défaut. Il se mit effectivement à notre recherche.

Pendant la terreur, chaque propriétaire était forcé de suspendre à sa porte un écriteau, sur lequel se trouvaient inscrites les personnes qui logeaient dans la maison. Le propriétaire de la rue Culture-Sainte-Catherine, ardent patriote, avait fabriqué une gigantesque affiche, dont les lettres rouges attiraient le regard des passants. Au milieu de ses courses, jusqu'alors inutiles, mon oncle remarqua cette affiche.

Nous avions conservé seulement nos prénoms, en les accolant au nom de famille de l'intendant. Cela suffisait pour tromper la police; mais tous ces noms réunis attirèrent l'attention d'Antoine de Sézanes.

Il se mit en embuscade.

Lorsque je sortis avec mon cousin pour aller au Père-Lachaise, il nous suivit et nous reconnut.

Vous savez comment nous le reçûmes d'abord, vous vous rappelez les soupçons de Joseph.

Nous dénoncer n'entrait cependant pas dans le dessein du misérable. Il était trop adroit pour commettre une pareille faute. L'orage des révolutions s'apaise tôt ou tard, et la vindicte publique imprime une flétrissure éternelle au front du délateur.

Mon oncle résolut de me laisser ignorer aussi longtemps que possible le sort de son frère et de mettre obstacle à mon mariage avec Paul, en nous séparant d'abord, puis en rendant notre réunion impossible. Il ne voulait pas qu'un époux fût là pour me protéger.

Toutes ses actions, toutes ses paroles tendaient à ce but.

Nous étions loin de soupçonner de mensonge un homme qui, pour mieux nous tromper, s'accusait lui-même.

— Si M. de Sézanes était à Paris, continua-t-il, sa première visite eût été pour moi. Donc, il n'a pas quitté l'armée du Rhin; nous pouvons encore le prévenir. Mais confier une lettre à n'importe quel étranger serait une impardonnable folie. Je voudrais être assez courageux pour aller moi-même jusqu'à la frontière.

— J'irai, moi! s'écria Paul.

— Non, dit Joseph, ce sera votre vieux serviteur. Je ne souffrirai pas que vous vous exposiez à être reconnu. Si ma maudite jambe ne me permet pas de faire le voyage à pied, je prendrai la poste.

— Et de l'argent, fit mon oncle, en avez-vous pour la route? Quant à moi, vous le savez, je suis loin d'être riche, et je ne puis vous en fournir.

Les bras nous tombèrent de découragement.

Après tout, poursuivit-il, j'admets que nous puissions suffire aux dépenses : il y a cent à parier contre un que celui d'entre nous qui entreprendra ce voyage n'arrivera pas jusqu'à l'armée de Pichegru. Oubliez-vous les lois terribles qui défendent l'émigration? Vous aurez beau soutenir que vous n'avez pas le projet de quitter la France, on se moquera de vos discours, et l'on vous enverra pieds et poings liés au tribunal révolutionnaire.

— Ainsi, m'écriai-je, M. de Sézanes est perdu !

— Non, ma nièce, non, rassurez-vous, dit le méchant homme.

Il s'approcha de Paul, qui penchait douloureusement la tête, accablé de notre impuissance.

— Un moyen nous reste, monsieur le marquis, dit-il. Vous seul pouvez le mettre en œuvre.

— Parlez! oh! parlez, je vous en conjure! s'écria mon pauvre cousin.

— Mais Antoine de Sézanes retomba sur sa chaise, d'un air triste et sans mot dire. L'intendant se joignit à nous pour le supplier de rompre un silence qui nous plongeait de nouveau dans toutes les transes de l'incertitude.

— Je m'abusais, balbutia mon oncle. Il est certain que M. de Frenelle ne consentira jamais à une proposition de cette nature.

— Cependant, dit Paul, je suis prêt, pour sauver le père de Marguerite, à m'exposer à tout, si ce n'est au déshonneur.

— Eh! voilà justement! Les trois quarts des nobles répugneraient au parti que j'allais vous proposer.

— Mais enfin, Monsieur, quel est-il?

— De servir la République.

— Jamais! non, jamais vous ne me verrez

commettre une lâcheté pareille! s'écria le jeune homme avec énergie. Ce serait me rendre complice des bourreaux qui nous gouvernent, ce serait consacrer l'usurpation qu'ils ont faite de la puissance!

— Quand je vous disais que vous n'accepteriez pas. Permettez, toutefois, il s'agit de bien nous comprendre. J'ai dit servir la République, et je me suis mal exprimé. Supposez, par exemple, qu'il vous plaise de vous enrôler dans un de ces bataillons de volontaires qui partent chaque jour, et de gagner avec eux l'armée de Pichegru. D'abord, vous voyagez aux frais de l'Etat et sans craindre les gendarmes, deux problèmes qui tout-à-l'heure nous paraissaient insolubles. Ensuite, lorsque vous aurez atteint le lieu de votre destination, qui vous empêchera de voir M. de Sézanes et de combattre son projet? Vous pourrez même engager le père de Marguerite à se diriger en votre compagnie du côté de l'Allemagne, ou à gagner le camp des émigrés. Là, vous attendrez patiemment et à l'abri de tout péril que Marguerite, Joseph et moi, nous puissions vous rejoindre. Appelez cela servir la République, si bon vous semble, monsieur le marquis; moi je suis d'un avis différent, et je déclare que ce serait lui jouer un tour de bonne guerre.

— Oui, parbleu! s'écria le vieil intendant, tout-à-fait dupe, comme nous l'étions nous-mêmes, de l'apparente bonhomie de l'hypocrite.

Paul m'ouvrit les bras, je m'y précipitai tout en larmes.

— Tu le vois, me dit-il, le salut de ton père l'ordonne : il faut nous séparer.

— Diable! un instant! fit Joseph, qui se ravisa tout-à-coup et se frappa le front. Les conscrits, même en forçant la marche, ne seront pas sur les bords du Rhin avant dix ou douze jours. Si, d'ici là, M. de Sézanes allait décamper? s'il prenait une route différente de celle que suivra M. de Frenelle? Pour tout dire enfin, s'il arrivait à Paris, pendant que notre pauvre volontaire ira le chercher là-bas?

Je vis encore une fois blémir mon oncle.

— Vraiment, répondit-il, ce serait un grand malheur, et ce que nous faisons pour sauver M. de Sézanes n'obtiendrait aucun résultat. Nous sommes libres encore de ne point agir; mais une crainte mal fondée peut-être doit-elle nous faire abandonner, dès aujourd'hui, toute espérance?

— Non, dit Paul, c'est une résolution prise, je pars.

— Bien! très-bien! dit Antoine de Sézanes, attirant à lui le pauvre jeune homme et lui donnant le baiser de Judas. Maintenant, reprit-il, du courage! il vous en faudra, mes enfants, car il est dur de se quitter quand on s'aime.

L'abominable personnage tira sa montre.

— Voici l'heure, dit-il, où la Commune donne aux troupes de volontaires le signal du départ. Il est entendu que ce n'est pas le marquis de Frenelle, mais Paul Brabançon qui offre ses services à la patrie : en conséquence, Joseph nous accompagnera pour faire inscrire son prétendu neveu sur les contrôles de l'armée.

— Oui, murmura le vieillard, qui essuyait une larme. L'Hôtel de ville n'est pas loin, ma jambe ira bien jusque-là.

Cependant Paul me tenait pressée contre son cœur et nous confondions nos sanglots.

— Voyons, ma nièce, voyons, dit Antoine de Sézanes, soyez Lacédémonienne! songez que les moments sont précieux. Laissez-nous partir, et restez au logis; car la nation est stoïque, elle condamne les pleurs. Du reste, vous ne serez pas longtemps séparés. Robespierre tombera d'un jour à l'autre. Alors, les absents reviendront à nous; sinon, je vendrai le peu que je possède, et nous irons les rejoindre.

— Adieu, Marguerite, adieu! s'écria Paul.

O ma mère! ajouta-t-il en pliant le genou et en regardant le ciel, voici l'heure d'accomplir ta promesse et de veiller sur nous!

Il partit.

Mon oncle avait consommé son infâme trahison.

Lorsqu'Antoine de Sézanes revint avec Joseph, je crus remarquer sur son visage le même sourire ironique dont j'avais été frappé lors de son apparition dans notre demeure. Il me remit entre les mains un assignat de cinquante livres, en me disant d'un ton glacial :

— Ici, ma nièce, tout annonce la gêne, je dirais presque la misère. Voilà ce que mes faibles ressources me permettent de vous offrir pour le moment.

Blessée de son indifférence, autant que de la manière dont cette offre m'était faite, je lui répondis :

— Mon travail suffit à mes besoins, Monsieur. Reprenez votre aumône.

— Ah! ah! fit-il, haussant les épaules et pliant l'assignat pour le resserrer dans son portefeuille, toujours la même! toujours orgueilleuse et ironique! Eh bien, Mademoiselle, à votre aise : travaillez pour vous soutenir. Si jamais, comme j'en ai peur, vous vous trouvez à la veille de mourir de faim, je vous exhorte à ne pas trop compter dorénavant sur l'assistance de M. de Sézanes, non plus que sur celle du marquis. J'ose croire que vous serez heureuse de recourir aux aumônes de votre oncle. J'ai bien l'honneur de vous saluer!

Ce disant, il fit siffler sa cravache et résonner ses éperons. La porte était restée entr'ouverte, il disparut.

Jugez de notre stupéfaction.

Le vieil intendant me regarda d'un air si profondément déconcerté, que je sentis un froid mortel me saisir le cœur.

— Trahis! nous sommes trahis, mon Dieu! criai-je avec désespoir. Et j'ai pu me laisser prendre aux paroles perfides de cet homme? j'ai pu lui confier le sort de celui que j'aime? Non! non! cela ne sera pas! Où est Paul? Quelle route a-t-il prise? Je veux qu'il revienne, il le faut!

Joseph essayait en vain de calmer mon agitation; je le repoussai, quand il voulut me retenir, et je me précipitai dans la rue, folle de douleur, me heurtant à ceux qui se trouvaient sur mon passage, ne voyant rien, n'écoutant rien, toute à une pensée : ramener Paul, m'opposer à son départ. J'avais entendu Joseph m'affirmer qu'il n'était plus temps, qu'un nom porté sur les contrôles ne s'effaçait pas, et que d'ailleurs, dans ces jours d'enthousiasme où l'on décrétait le danger de la patrie, les volontaires étaient enregimentés et partaient aussitôt. Je n'avais rien compris, je redemandais mon pauvre cousin, je ne connaissais pas de loi militaire assez puissante pour m'empêcher de le rejoindre, de le ramener ou de mourir avec lui.

Si quelqu'un, m'interrogeant alors, eût voulu connaître le sujet de mes craintes, il m'eût été difficile de lui répondre.

Une heure auparavant, j'avais laissé partir Paul.

Notre séparation sans doute avait été pénible; mais un éclair de joie brillait sous mes larmes : le digne jeune homme allait accomplir un acte de dévouement et sauver mon père.

D'où provenait donc ma terreur?

Elle provenait du dernier regard et du dernier sourire d'Antoine de Sézanes.

Oui, dans ce regard il y avait l'expression d'une haine satisfaite, dans ce sourire j'avais lu quelque chose d'effroyable. Et ce changement de langage, et cette ironie cruelle qu'il était venu jeter au milieu de ma douleur! Pourquoi m'engageait-il à ne plus compter désormais ni sur mon père, ni sur le jeune marquis?

Assurément, il y avait là un crime.

Frémissante, éperdue, je me dirigeais, en courant, du côté de la Commune.

Joseph avait fait pour me suivre des efforts inouïs; mais déjà le pauvre vieillard, qui se traînait à peine, était resté bien loin derrière moi, souffrant, épuisé de fatigue, et néanmoins avançant toujours, me suivant des yeux aussi longtemps qu'il put le faire, et questionnant ensuite les passants pour savoir la route que j'avais prise.

Quant à moi, j'arrivai devant l'Hôtel de ville.

La place était déserte. Courant à une sentinelle qui se promenait l'arme au bras, de long en large du perron, je lui criai :

— Par où ont pris les volontaires?

— Par le quai, Citoyenne, me répondit-il, en portant la main du côté de la Seine, et ils le suivent pour gagner la route de Versailles. C'est-à-dire, attends une minute : il y avait deux troupes. L'une a pris le chemin que je t'indique, l'autre...

Mais je ne l'écoutais plus. Je m'élançai vers le quai, dans un trouble d'esprit qui ne faisait que s'accroître, et, confondant les directions, ou plutôt ne songeant même pas à m'en rendre compte, je gagnai la place du Châtelet, le Pont-Neuf, le Louvre et les Tuileries, quand Paul suivait une route opposée, celle de Vincennes. La Commune envoyait des recrues à l'armée du Rhin; mais elle en envoyait aussi dans les départements de l'Ouest, où les royalistes proclamaient l'insurrection.

Je venais de dépasser le château et je longeais les murs de la grande terrasse.

Pendant tout le jour, un brûlant soleil de juin avait chauffé les pavés de Paris. Il me semblait que je courais dans une fournaise.

Au milieu de cette atmosphère ardente je respirais à peine; j'entendais le battement précipité de mes artères.

N'importe, j'avançais toujours. Arrivée sur la place de la Révolution, je voulus la traverser et gagner l'avenue latérale des Champs-Elysées; mais j'aperçus une foule immense qui me barrait le passage.

En vain j'essayai de me frayer une route au milieu de cette masse compacte.

La foule ne se dérangeait pas ; elle était là, silencieuse, immobile, plus serrée que les vagues de la houle et que les épis de la plaine.

Tous les fronts étaient pâles, toutes les physionomies étaient sombres. Au-dessus de cette multitude, qui semblait en proie à une attente inquiète et douloureuse, pesait un ciel de plomb. De lourds nuages montaient lentement derrière le dôme des Invalides. On entendait au sein de leurs flancs ténébreux le roulement précurseur de la foudre. L'orage approchait, et la masse populaire ne bougeait pas.

Qu'attendait-elle?

Pourquoi ces hommes, pourquoi ces femmes, pourquoi tout le monde se montrait-il sourd à mes supplications, à mes cris désespérés? J'étais sur les traces de mon cousin, — je le croyais du moins, — Paul s'éloignait de plus en plus, et l'on m'ôtait l'espoir de l'atteindre.

Soudain, j'aperçus une espace vide.

Croyant trouver une issue, j'allai me précipiter en aveugle contre un échafaudage dressé près de là. Je relevai la tête, j'étais en face de la guillotine.

Tout me fut alors expliqué.

Je compris pourquoi la foule attendait triste et morne. C'était l'heure où l'on tirait des prisons les fournées de victimes pour les conduire au sacrifice. Je jetai un cri d'horreur, et je me voilai la figure pour échapper à la vue de l'instrument de mort, sur lequel était assis le bourreau, les bras nus, un bonnet rouge sur la tête, regardant du côté des boulevards et semblant s'impatienter de ce que la fatale charrette n'arrivait pas.

Mes jambes se dérobaient sous moi; je n'avais plus la force ni d'avancer ni de reculer. Un soldat me frappa de la crosse de son fusil et me rejeta dans la foule.

Il fallut rester là.

Chose étrange, et que pourtant vous devez comprendre, je ne pensais plus à Paul. L'horreur m'avait saisie, l'effroi m'avait glacée. J'ignorais pourquoi je me trouvais en ce lieu, devant cet échafaud, les pieds sur le pavé sanglant; je croyais être sous l'influence d'un épouvantable rêve; je fermais les yeux pour ne pas voir, — et, malgré cela, je voyais encore, je voyais toujours, comme autant de fantômes tourbillonnant dans cette nuit, le peuple, les soldats, la guillotine et le bourreau.

L'orage avait graduellement envahi l'horizon; le soleil s'entourait de voiles impénétrables, comme s'il eût voulu refuser sa lumière à l'œuvre de sang qui allait s'accomplir.

Au-dessus de la place et sur des milliers de têtes humaines planait la nue menaçante, dont les sombres ailes s'étendaient à droite vers le château des Tuileries, et couvraient à gauche les grands arbres des Champs-Elysées. La chaleur était suffocante, pas un souffle ne rafraîchissait le ciel. De temps à autre, l'éclair, sillonnant les profondeurs de la masse obscure, éclairait la scène d'un reflet livide. Le tonnerre grondait sourdement, puis tout rentrait dans le silence.

Dans la foule, pas un cri, pas un murmure. Les yeux du bourreau continuaient de se tourner du côté des boulevards.

Tout à coup il se leva d'un air satisfait.

On put distinguer le roulement d'une voiture, et la multitude, immobile jusqu'alors, s'agita comme les vagues de l'Océan au début de la tempête. Des voix audacieuses se firent entendre, et trouvèrent de l'écho dans cette population décimée chaque jour.

— Assez! crièrent ces voix.

— Plus de massacres!

— A bas Robespierre! A bas l'égorgeur!

— C'est lui, c'est le despote infâme qui doit périr!

— Sauvons les victimes!

Et les cris de ce peuple, las d'atrocités, dominaient alors le bruit de la foudre.

Il y avait là des fils dont on allait tuer les pères, des femmes dont on allait guillotiner les époux. Chacun s'attachait avidement à l'espoir inattendu de la délivrance. On s'embrassait, on s'exhortait, on s'encourageait à la lutte. Des hommes intrépides parcouraient les groupes, affirmant sur l'honneur que les Sections se révoltaient, que Robespierre ne tiendrait pas trois jours et que la Commune serait écrasée par la Convention.

A cette promesse, tous les cœurs se dilatèrent, toutes les mains applaudirent.

La foule se porta comme un seul homme au-devant de la voiture, afin d'empêcher qu'elle approchât de la guillotine. Je fus entraînée sur les vagues de cette mer orageuse.

Renonçant à briser le rempart d'hommes qui se dressait devant elle, l'énorme charrette avait suspendu sa marche. Entre les planches peintes en rouge qui la bordaient à droite et à gauche, il y avait bien cinquante ou soixante captifs, de tous rangs et de toutes conditions, les uns debout, portant le front haut et bravant la mort; les autres couchés, abattus par la peur ou la souffrance. Courageux et faibles, tous purent croire un instant qu'ils allaient être délivrés, car l'escorte impuissante laissait ses armes inactives, et déjà le peuple se mettait en devoir de faire rebrousser le tombereau.

En présence d'un tel spectacle, j'avais repris, sinon du calme et du sang-froid, du moins le sentiment de la réalité.

Je ne faisais donc pas un rêve. C'était bien l'effroyable guillotine qui se trouvait là, devant moi, prête à fonctionner; j'allais entendre le bruit de la hache et voir tomber toutes ces têtes.

Mais non, rassurez-vous, pauvres et saintes victimes !

Le peuple cesse de trembler, il menace à son tour et va mettre un terme à l'œuvre des bourreaux.

Voilà ce que je pensais, mon Dieu ! voilà ce que bien d'autres pensaient également, lorsque je vis la charrette avancer encore, malgré l'énergique opposition de la foule.

Une troupe de sans-culottes et un bataillon de gendarmes débouchèrent le long de la terrasse des Feuillants, s'élancèrent au milieu de la place et rendirent à l'escorte le courage qu'elle avait perdu. Ce fut au tour du peuple à céder. Mais bientôt il revint à la charge, et, toujours emportée par ce ballottement terrible, je me trouvai, cette fois, presque sous les roues du tombereau. J'étais à deux pas des condamnés. Plusieurs essayaient de rompre les cordes qui leur sanglaient les mains et les jambes. Libres de leurs mouvements, ils eussent réussi peut-être à s'enfuir ; mais ils ne pouvaient que se tourner vers le peuple et l'exciter par des gestes de supplication.

Tout à coup l'un d'eux se pencha de mon côté, m'envisagea, puis s'écria d'une voix déchirante :

— Marguerite ! ma fille !

La foudre éclatant sur ma tête ne m'eût pas frappée d'une secousse plus violente. Dans celui qui venait de faire entendre cette exclamation, j'avais reconnu M. de Sézanes, j'avais reconnu mon père.

VII

Comment, sous la Terreur, on voyait guillotiner les autres, quand on n'était pas guillotiné soi-même.

J'étais réservée à toutes les douleurs, me dit la duchesse, en reprenant le fil de sa narration, je devais subir tous les désespoirs.

O mon père! noble martyr! tu avais salué, toi aussi, l'aurore de la liberté! Tu prêtais à tous ces hommes de 93, à tous ces bourreaux sortis de la fange sociale, les sentiments de délicatesse et d'honneur qui faisaient la base de ton propre caractère, et, comme André Chénier, comme Barnave, tu devais périr victime des illusions de ton esprit, des rêves de ta belle âme! Si, dans le cours orageux de ton existence, tu as quelquefois oublié ta fille, Dieu m'est témoin que tu n'avais rien perdu pour cela de ma tendresse. A cet instant suprême, j'eusse voulu donner tous mes jours afin de racheter les tiens, — et depuis, ô mon père, jamais une pensée de reproche ne s'est placée dans mon cœur à côté de ton souvenir!

En marchant à la mort, M. de Sézanes était vêtu comme pour aller à une fête. Ses cheveux, poudrés avec soin, encadraient son noble visage, et sa cravate blanche retombait en pointe sur un gilet de satin blanc, broché de soie.

Jusqu'à ce moment, il avait envisagé d'un œil calme la hache impitoyable qui devait trancher sa carrière; mais, à ma vue, la résignation l'abandonna. Le cri douloureux qu'il fit entendre retentit au fond de mon âme comme un glas funèbre. Je m'élançai au devant des chevaux, la tête perdue, les yeux hagards; je les arrêtai par la bride, je me suspendis à leur poitrail.

Un mot, un seul mot s'exhalait de ma gorge haletante, et ce mot qui vibrait sur toutes les cordes de la douleur et de l'angoisse, je l'adressais à l'escorte, je l'adressais au peuple, je l'adressais à mon père, je criais :

— Non! non! non!

Tout autour de moi je voyais étinceler des sabres et des baïonnettes. Mais personne n'osait me frapper. Le dévouement d'une femme a quelque chose qui déconcerte la force brutale et la paralyse.

Enhardie par mon exemple, la foule se rallia de nouveau, revint à la charge et heurta les gendarmes de sa poitrine désarmée.

Qu'est-ce que la foule, hélas! et que faut-il pour éteindre son enthousiasme?

Rien moins, que rien.

Vous la voyez se précipiter au devant des armes, affronter les canons, s'exalter à l'odeur du sang. Comme la lionne sortie de son antre, elle s'élance en rugissant sur sa proie. Alors elle est grande, elle est héroïque, elle est sublime. Vous pensez qu'aucun obstacle ne peut dompter sa fougue; détrompez-vous : le moindre de tous est le plus puissant. Qu'une pluie d'orage survienne, elle se disperse. Une simple goutte d'eau sur cet héroïsme, tout est dit.

Voilà ce que j'ai vu de mes propres yeux.

La nuée menaçante qui grondait au dessus de nos têtes creva subitement. Dès lors, le peuple ne songea plus aux victimes. Un dernier effort, il renversait Robespierre, il brisait l'échafaud; mais la pluie tombait, la pluie mouillait ses vêtements, je le vis s'enfuir avec précipitation. Tout ce débordement d'hommes s'écoula par les rues, les quais et les promenades. En moins de cinq minutes, la place fut presque déserte.

Il resta la charrette, entourée de ses gardes.

Ballotée quelques instants sur des vagues humaines, elle touchait au port lugubre de la guillotine.

Non loin de là se trouvaient un petit nombre d'infortunés, qui s'agenouillèrent sur le pavé ruisselant et prièrent pour leurs parents, pour leurs frères, pour leurs amis qui allaient mourir.

Un gendarme m'avait écartée de la voiture et rejetée contre une borne.

Les soldats formèrent un double cercle autour de l'échafaud. Nul effort humain ne pouvait plus sauver les condamnés.

Oh! comment ne suis-je pas morte de douleur!

J'ai vu mon père, dont le visage avait repris le calme et la sérénité du martyr, aborder avec la charrette au pied des tréteaux maudits; je l'ai vu me faire un dernier signe d'adieu. Les bras étendus vers la victime, j'étais aussi à genoux sous les torrents qui tombaient du ciel. Mon cœur ne battait plus, mes yeux desséchés par une fièvre ardente n'avaient plus de larmes.

Une première fois la hache frappa. Je me redressai comme un cadavre soumis à l'action du galvanisme.

Les coups se succédèrent avec une rapidité effroyable. Plus de quarante têtes avaient déjà roulé dans le panier sanglant; mais au travers du voile agité de la pluie, je distinguais toujours la cravate blanche de mon père. Arriva le moment où je la vis dénouer par la main du bourreau. Deux secondes après, la hache frappait encore, et M. de Sézanes n'était plus.

J'ignore ce que je devins ensuite, car je tombai, de toute ma hauteur, le front sur la pierre.

Cependant Joseph, instruit par le factionnaire de l'Hôtel de ville de la direction que j'avais prise, et parvenu longtemps après moi sur la place de la Révolution, ne se doutait pas du drame horrible auquel je venais d'assister. Vainement il essayait d'interroger les fuyards, en leur dépeignant mon costume, il n'obtenait aucune réponse. On était beaucoup trop pressé de chercher un abri pour s'inquiéter de la douleur d'un malheureux vieillard qui demandait son enfant, — car Joseph me regardait comme sa fille, et me donnait ce nom, que je ne devais plus, hélas! entendre sortir d'une autre bouche que de la sienne.

Lorsqu'il fut arrivé dans le voisinage de la guillotine, qui se reposait auprès de soixante cadavres, il recula saisi de vertige.

Persuadé, si toutefois j'étais passée par ce lieu sinistre, que j'avais dû m'enfuir aussitôt, il allait quitter la place, quand un homme s'approcha de lui.

— Citoyen, dit-il au vieillard, est-ce que tu n'as pas remarqué aux alentours une fillette en deuil, sans mantille, avec un fichu de crêpe noué autour du cou? Je la distinguais encore, il n'y a qu'un instant, et je ne la vois plus, c'est singulier.

— N'est-ce pas une brune? dit Joseph, surpris d'entendre les indications qu'il donnait lui-même depuis une heure. Cette jeune personne a la tête nue et les cheveux épars.

— Comme tu dis, citoyen.

— En ce cas, je la connais; ce doit être celle...

Il n'acheva pas; car, en examinant de près son interlocuteur, il venait de reconnaître, au costume de cet homme et à ses mains tachées de sang, la nature de ses fonctions. C'était le valet de l'exécuteur des hautes-œuvres.

— Ah! ça, pas de quiproquo! La fille s'appelle Marguerite, à ce que m'a dit l'aristocrate que nous venons de raccourcir. Est-ce bien ce nom-là?

— Je ne sais... Marguerite?... pardon! je ne suis pas sûr...

— Va au diable, et que la peste t'étrangle, vieux radoteur! cria le servant de guillotine. Au fait, j'aperçois la petite là-bas dans le ruisseau.

Comme la pluie tombait avec moins de violence, Joseph lui-même put me voir étendue sur le pavé de la place.

— Oh! pitié! pitié pour elle! s'écria-t-il, tombant aux pieds de l'effrayant personnage, et se cramponnant à lui de toutes ses forces.

Il pensait que j'avais été reconnue et qu'on allait me faire mourir.

— Hein?... Qu'as-tu donc? Je ne veux aucun mal à la citoyenne. Elle aura été prise d'une faiblesse, il y avait de quoi! Mais, j'entends le patron qui jure. Nous avons abattu de l'ouvrage, il faut le déblayer. Puisque tu connais la fillette, donne-lui du secours, et remets-lui ce portefeuille de la part de son père. Il m'a baillé cinq louis qui lui restaient en poche, en me priant de m'acquitter de cette commission.

Puisque tu t'en charges, serviteur! je retourne à la besogne.

Et le valet du bourreau rejoignit son maître.

N'osant pas croire encore à l'épouvantable catastrophe qui venait de s'accomplir, Joseph éperdu vint à moi et me releva.

J'étais sans mouvement et sans souffle. Une large blessure que je m'étais faite au front dans ma chute saignait à flots. Il me transporta du côté du ministère de la marine.

Une grande partie de la foule, qu'avait dispersée la pluie, se tenait à couvert sous les arcades.

On m'entoura. Quelques personnes compatissantes aidèrent Joseph à étancher le sang qui coulait de ma blessure. Enfin je donnai signe de vie. Je soulevai ma paupière; mais ce fut pour terrifier de mes regards le pauvre intendant et ceux qui se pressaient autour de moi. J'étendis les bras, en poussant des cris aigus. Il me semblait toujours entendre frapper la hache, et je voyais les têtes humaines rouler et bondir. La guillotine, l'exécuteur, les cadavres, épouvantables fantômes, tourbillonnaient autour de moi.

Ma tête était complétement perdue.

Joseph pleurait à chaudes larmes. Il essayait en vain de m'entraîner; je ne le reconnaissais pas, et je criais d'une voix vibrante :

— Non!... Laissez-moi!... Du sang! vous avez tous du sang sur les mains... Oh! les bourreaux!... C'est le sang de mon père!... Vous avez tué M. de Sézanes, tuez-moi aussi!... Je suis sa fille, je suis noble, je suis aristocrate!... Vivent les aristocrates!... Mort à Robespierre! mort aux lâches et aux infâmes!

Le nom de Sézanes, qui échappait à mon délire, frappa les oreilles de l'un des spectateurs. Il écarta la foule pour venir m'envisager de près, et me reconnut.

— Miséricorde! la malheureuse va se perdre, dit-il à voix basse, en se penchant du côté de

Joseph. Il y a tout autour de nous des visages d'espions. Restez là, tâchez de la calmer. Je cours au boulevard et je ramène un fiacre.

Celui qui parlait de la sorte était vêtu d'un méchant habit à la française, boutonné jusqu'au menton. Sous son chapeau, dont les larges bords se trouvaient rabattus par derrière et par devant, descendait une ample perruque noire, disposée tout exprès pour cacher une partie de la figure. Il portait avec cela une paire de bésicles, enfermées dans une double cage de taffetas vert, de sorte qu'il était vraiment impossible de distinguer le moindre trait de sa physionomie.

Quand il revint, amenant un fiacre, le danger qu'il avait prévu nous menaçait déjà.

Mon exaltation n'avait fait que s'accroître. Les personnes craintives, — le nombre alors en était grand, — effrayées de mes discours, disparurent et firent place à un rassemblement hostile de poissardes et de septembriseurs. Cette dernière troupe, scandalisée de mes exclamations antirévolutionnaires, et peu disposée à compatir à l'état déplorable qui me les inspirait, se mit à dominer ma voix, en chantant son refrain favori, le *Ça ira* funèbre, qui était pour tant de malheureux un signal de mort.

Notre protecteur inconnu s'efforçait de nous entraîner vers le fiacre, qui stationnait près de l'arcade ; mais la troupe, animée par le refrain sanguinaire, nous enveloppa d'un cercle mouvant, nous ferma toute issue et répéta son cri sauvage :

— A la lanterne !

La nuit venait de descendre.

Plusieurs reverbères étaient allumés sous l'arcade : on les abaissa, dans l'intention manifeste de nous y attacher.

Je regardais ces préparatifs sans rien comprendre. A mon délire succédait un état de prostration, j'étais anéantie. Si je vous parle des événements qui suivirent la mort de mon père, c'est que Joseph me les a racontés en détail, me rappelant surtout le péril que nous avions couru dans cette circonstance, et dont nous fûmes délivrés, grâce à l'admirable présence d'esprit de l'inconnu qui le partageait.

Voyant les septembriseurs se ruer sur nous, il ne leur opposa pas la moindre résistance et leur dit d'un ton parfaitement calme :

— Ça, camarades, êtes-vous prêts? Je demande à passer le premier.

A ces mots, il ôta son large feutre, arracha ses bésicles et jeta sa perruque en l'air. Ce changement à vue produisit dans la troupe un mouvement général de surprise. Elle avait affaire à un homme de quarante-cinq à cinquante ans environ, très-frais encore, et d'une physionomie tout à la fois ouverte et railleuse. Il se mit fort tranquillement à passer la main sur ses cheveux poudrés, afin d'y réparer le désordre qu'y avait occasionné la perruque.

— L'abbé Maury! crièrent plusieurs voix.

— Moi-même, camarades, répondit-il, sortant sa tabatière d'or de sa poche, et humant une prise avec toute l'aisance imaginable. J'ai quitté les Etats du pape, où j'avais cherché refuge après la clôture des sessions de l'Assemblée constituante. La fantaisie m'a pris d'examiner de mes propres yeux les belles choses qui se passent en France, et je me cachais sous ce déguisement pour m'épargner les caresses de Sa Majesté Robespierre et de sa douce compagne la guillotine. Demain, j'allais reprendre la route de Rome; mais il était écrit que, si j'échappais à l'échafaud, je n'échapperais pas à la lanterne. Ainsi soit-il! Que la volonté du peuple soit faite. Vous allez avoir l'agrément de pendre un prince de l'Eglise, car, — vous le savez ou vous ne le savez pas, mes amis, — à l'heure qu'il est, je suis cardinal.

Il ouvrit de nouveau sa tabatière, et, clignant de l'œil avec malice, il offrit une prise aux sans-culottes, déjà déconcertés par son aplomb.

Plusieurs acceptèrent et dirent :

— Tiens, mais il est bon enfant!

— Pas toujours, répliqua l'intrépide cardinal. En ce moment, par exemple, si j'étais le plus fort, il se pourrait que je vous suppliasse de m'exhiber le mandat qui vous autorise à vous livrer à des exécutions aériennes, fort amusantes pour vous, c'est possible, mais peu goûtées de ceux à qui vous les faites subir. En cas de refus de votre part, ou d'impossibilité de me satisfaire, je ferais pendre haut et court les plus chauds meneurs, absolument comme je vais l'être. Quant à ces dames, j'userais de clémence envers elles, et je me bornerais à ordonner qu'on les fustigeât en place publique. Or, n'étant pas de force, je suis obligé de mettre les pouces, — et, vous le voyez, je m'en acquitte avec assez bonne grâce.

— Il nous brave! cria-t-on.

— Nullement. Je dis ce que je pense. Personne jusqu'ici n'a pu m'en empêcher.

— Bien! bien! Voyons ce qu'il pensera là-haut?

— Ma foi, mes amis, à coup sûr je penserai qu'en m'accrochant à la place de la lanterne, vous n'en verrez pas plus clair!

Les mémoires du temps vous ont fait connaître quel fut le résultat de cette spirituelle saillie. Septembriseurs et poissardes partirent à la fois d'un joyeux éclat de rire, et lâchèrent immédiatement celui qu'ils allaient pendre.

— Bravo! dit l'une de ces dames, en lui frappant sur le ventre, tu n'es pas poltron, l'abbé. Je t'estime, mon vieux! Passe ton chemin, nous nous contenterons des autres.

— Qu'est-ce à dire? Tu plaisantes, citoyenne. Ma gouvernante a mis, ce soir, le couvert de ce brave homme et de cette jeune fille. Veux-tu me forcer à souper seul?

— Au fait, il a raison! crièrent les sans-culottes.

— Va donc souper en compagnie, mon brave

calotin, dit la poissarde, et n'oublie pas de boire à la santé du peuple.

Le cardinal ne se fit pas répéter deux fois l'invitation. Il poussa Joseph devant lui, et deux de ces dames voulurent me transporter elles-mêmes dans la voiture, proposant en outre à l'abbé Maury de s'installer à mes côtés pour me donner des soins.

Il les remercia poliment.

Le cocher fouetta ses chevaux et nous emmena loin de la troupe, qui riait encore.

Maintenant, voici qui vient à l'appui de l'axiome posé par moi l'un de ces derniers jours, savoir : « Que le véritable courage consiste à mourir intrépidement, tout en ayant peur. » L'abbé Maury, après s'être montré inébranlable en face d'une mort presque certaine, l'abbé Maury dont la force d'âme avait été jusqu'à plaisanter en ce moment terrible, ne fut pas plutôt assis dans le fiacre qu'il perdit connaissance.

Il revint à lui pour entendre les remercîments

de Joseph, car j'étais incapable de lui en adresser moi-même. Le bon cardinal prit ma main dans la sienne, me parla doucement et affectueusement, mais sans pouvoir obtenir de réponse. Ou, si quelques phrases entrecoupées s'échappèrent de mes lèvres, ce fut pour lui donner la crainte que ma raison ne survécût pas aux événements de ce jour fatal.

En peu de mots Joseph lui raconta nos malheurs.

L'abbé Maury ne voulut pas qu'on me transportât dans notre pauvre logement. Il déclara qu'il entendait veiller lui-même aux soins que réclamait ma triste situation.

Nous entrâmes bientôt dans une petite rue voisine du Palais de Justice, et le fiacre s'arrêta devant une maison de modeste apparence. C'était là que, depuis trois mois, l'abbé Maury se cachait sous le nom de maître Marcellus. Il était censé tenir un cabinet d'affaires et n'avait à son service qu'une vieille gouvernante. Lorsque j'eus gravi péniblement trois étages, soutenue par Joseph et par le cardinal, ce fut cette femme qu'on chargea de me déshabiller et de me mettre au lit. Un médecin, appelé sur l'heure, hocha la tête d'un air de mauvais augure.

Il crut que je ne vivrais pas jusqu'au lendemain.

VIII

Nouvelle preuve de la facilité que possède exclusivement l'écrivain de faire voyager ses lecteurs sans qu'il en coûte un centime pour les frais de voyage.

Aujourd'hui, me dit la duchesse, au commencement de la huitième soirée, nous reviendrons à mon cousin, que l'ex-procureur avait si perfidement séparé de moi.

Vous n'avez pas oublié que mon oncle et Joseph l'avaient suivi jusqu'à la Commune. Antoine de Sézanes, consommant là sa trahison, s'approcha du chef des volontaires, et lui glissa quelques mots à l'oreille. Il était permis de croire, hélas! que c'était une recommandation bienveillante. Paul et le vieux Joseph n'en doutèrent pas. Mais bientôt mon triste fiancé devait avoir la preuve du contraire.

Ce fut le chef de la troupe qui se chargea de la lui donner.

Les conscrits firent une halte à Vincennes, où se trouvait un dépôt d'armes désigné par la Commune pour servir à leur équipement.

Dès qu'on eut distribué sabres, fusils et cartouches, le capitaine divisa les nouveaux soldats en quatre compagnies, chacune sous les ordres d'un sergent instructeur; puis il se mit à leur adresser un discours dans le style du père Duchesne.

Voulez-vous entendre cette noble harangue? La voici, moins les blasphèmes et les expressions cyniques. Je vous demande permission de les passer sous silence, ou de les remplacer par des mots possibles.

« — Bravo ! camarades, s'écria le chef des volontaires : vous portez déjà la giberne comme les vieux de l'armée du Rhin. Pour leur ressembler tout à fait, pour devenir des *gaillards à poil*, laissez pousser lestement tout ce que vous avez de moustaches. Entendez-vous, *corbleu?* Je vous défends de rien couper, si ce n'est le *grouin* de l'ennemi. Là-dessus, par exemple, taillez, rognez, charcutez, ne vous gênez pas ! Quant aux autres points de ressemblance avec les anciens et les solides, vous les aurez bientôt. Chemin faisant, vous userez vos souliers et vous apprendrez le maniement des armes, de sorte qu'en arrivant là-bas, vous serez pieds-nus pour courir au feu. C'est le meilleur moyen d'attraper la victoire. Ainsi donc, enfants, point d'inquiétude sur la toilette ; tâchez, s'il est possible, de n'avoir ni faim ni soif, et vive la République ! »

Voilà, mon ami, l'éloquence avec laquelle, en 1793, on faisait des héros.

— Fusilier Brabançon, dit le capitaine, quand la troupe entière eut répété vingt fois le cri de « Vive la République! » approche ici.

Paul sortit des rangs et salua son chef.

— Hum! fit le capitaine, tu m'as l'air d'un blanc-bec, beaucoup moins habitué à manier le sabre qu'à papillonner dans un salon. Ta manière de saluer ne me plaît pas, *ventrebleu!* Tête droite, épaules effacées, la main à la hauteur du front : à la bonne heure! voilà le salut militaire. Il se pourra que nous fassions quelque chose de toi. Mais écoute. Un citoyen, instruit de ce qui se passe, m'a donné à entendre que tu pourrais bien être un finaud d'aristocrate, et que ton intention positive, une fois hors de France, serait de gagner sans tambour ni trompette les avant-postes de Cobourg. Tu pâlis?... ton cas me paraît louche.

— Je vous jure, Monsieur...

— Monsieur! qu'est-ce que cela? Tu t'entortilles, et je vais t'apprendre, mon petit citoyen, que *Monsieur* n'est plus français.

Il agita son sabre et cria :

— Culotte-de-peau, Bras-de-fer, mes intrépides, avancez !

Deux vieux soldats, au visage labouré de cicatrices, aux moustaches exhorbitantes, au teint bruni par la fumée de la poudre, accoururent l'arme au bras, et se placèrent, raides comme des jalons, l'un à droite, l'autre à gauche du marquis.

— Vous avez des cartouches ? leur demanda le chef.

— Oui, capitaine.

— Chargez vos armes !

En un clin d'œil l'opération fut terminée.

— Je devrais, poursuivit le chef, en s'adressant à Paul, te faire fusiller sur-le-champ. Mais tu n'y perdras rien pour attendre, et ton compte est bon, si tu as réellement dessein de jouer quelque mauvais tour à la République.

9.

Voilà deux braves soldats, deux véritables patriotes, deux chiens finis, que je mets à ta garde. Ainsi, Bras-de-fer et Culotte-de-peau, mes amours, soignez-moi ce conscrit-là! Ne le lâchez pas d'une minute. Soit qu'il marche ou qu'il s'arrête, qu'il mange ou qu'il dorme, ce devra toujours être en votre compagnie. Au combat comme au bivouac, en tous lieux enfin, vous aurez l'œil sur sa personne. Et, au moindre geste, à la moindre action qui ne vous semblera pas claire...

Il fit le geste de tirer un coup de fusil.

— Vous comprenez?

— Parfaitement, capitaine.

— S'il échappe à votre surveillance, vous serez fusillés à sa place.

— Bon! c'est là surtout ce que je n'oublierai pas, dit l'un des grognards (¹).

(¹) Ici la duchesse fait un anachronisme. C'est Napoléon qui, le premier, baptisa nos vieux soldats de ce nom pittoresque.

— Ni moi, fit l'autre : nous prendrons des mesures à l'effet de nous garer des pruneaux.

Mon cousin comprit qu'il était perdu s'il ne payait pas d'audace.

— Et depuis quand, s'écria-t-il, la République laisse-t-elle vivre ceux qu'elle soupçonne? Il eût été plus convenable, capitaine, de m'envoyer une balle dans le crâne que de me faire subir un tel affront devant mes compagnons d'armes. Quelle opinion veux-tu qu'ils aient de moi? Tout en servant la patrie, je passerai donc pour un traître? Non, l'injustice est trop criante. Qu'on me fusille tout de suite, et finissons-en.

— Ce langage me plaît, dit le chef, allant à Paul. On a pu m'induire en erreur; mais, avant que je renonce à mes mesures de prudence, il faut que tu fasses tes preuves de patriotisme. Ainsi donc, prends que ce ne sont pas deux gardiens, mais deux amis que je te donne, deux braves qui te conduiront toujours au plus fort de la bataille. Quant à ceux qui oseraient t'appeler traître, avant d'en avoir la certitude, ils ne prononceront pas ce mot une seconde fois, je le jure sur mon épée. En avant, marche !

Il n'y avait plus de réplique possible.

Les deux acolytes de Paul l'accompagnèrent au milieu des rangs et ne le quittèrent pas plus que son ombre.

On alla coucher à Meaux le premier jour.

Bras-de-fer, qui avait le sommeil dur, et qui n'entendait pas que son pupille désertât pendant la nuit, s'avisa d'un expédient très-simple : ce fut d'attacher avec un cadenas une chaîne assez forte à la jambe du marquis et de fixer l'autre bout à la sienne. La nuit suivante, Culotte-de-peau prit à son tour la même précaution, de sorte qu'il était impossible à Paul de faire une tentative de fuite, sans réveiller sur-le-champ l'un ou l'autre de ses cerbères.

Il voulut se plaindre à diverses reprises ;

mais le capitaine lui fit cette invariable réponse :

— Fusilier Brabançon, je t'attends au premier combat. Tue-moi quelque émigré, rapporte-moi sa tête, et je te nomme caporal sur le champ d'honneur, et je te rends mon estime avec ta liberté.

La condition n'était vraiment pas acceptable.

Patienter jusqu'à ce qu'on eût franchi la frontière devenait le seul parti à prendre. Une fois la troupe réunie à l'armée du Rhin, les gardes de Paul auront beau redoubler de surveillance, ils ne l'empêcheront pas d'avertir M. de Sézanes, et par contre-coup le général Pichegru, dont l'autorité saura, d'un mot, réduire à néant les ordres du capitaine.

Mon malheureux cousin ne pouvait connaître ni la mort de mon père, ni l'infernale rouerie de mon oncle.

Il repoussa même les soupçons qui se présentèrent à son esprit au sujet de la communication faite par Antoine de Sézanes au chef des volontaires, à l'heure du départ : il préférait admettre qu'ayant lui-même inspiré des doutes par sa figure, son langage ou ses manières d'agir, on s'était servi d'un prétexte pour conjurer les desseins de fuite qu'on lui supposait.

Cependant les recrues, déjà façonnées pendant le voyage au métier des armes, atteignirent le camp républicain.

La première nouvelle que Paul apprit fut la *grande trahison* du général Pichegru, qui, accusé de s'entendre avec les émigrés et les Bourbons, venait de se voir enlever le commandement.

Des membres du comité de salut public arrivaient tout exprès de Paris pour faire reconnaître par les troupes le général Moreau...

Qui depuis... Mais alors il était patriote !

Au nombre de ces délégués, se trouvait le doux et pacifique Saint-Just.

Il ne manqua pas cette belle occasion d'expliquer aux soldats ses théories humanitaires, et leur fit comprendre, avec un langage très-calme et très-modéré, que la France serait la plus heureuse des nations de l'Europe et de tout le reste du globe, quand on aurait seulement abattu encore deux ou trois cent mille têtes.

Ce noble collègue du tout-puissant Robespierre cita les noms de plusieurs ennemis de la République tombés sous le couperet de la guillotine, et n'oublia pas surtout d'apprendre à l'armée du Rhin de quelle manière on avait payé son fournisseur.

Jugez de l'effet de cette nouvelle terrifiante sur mon pauvre cousin!

Le but de son généreux dévouement ne sera pas rempli. M. de Sézanes est mort, Pichegru est suspect; plus de protecteur, plus de soutien, plus d'espoir ! Il faut qu'il reste cloué dans les rangs de l'armée républicaine, entre ces deux troupiers inflexibles qu'on lui a donnés pour satellites.

Bras-de-fer et Culotte-de-peau n'étaient cependant pas cruels.

Quelquefois même il leur arrivait de compatir aux souffrances cachées du jeune volontaire. Ils essayaient par des plaisanteries de caserne et par des tours de corps-de-garde d'éloigner la sombre tristesse qui siégeait au front du marquis. Mais, à cheval sur leur consigne, ils ne le perdaient pas de vue et ne s'écartaient en aucune sorte de la règle de conduite qu'on leur avait tracée.

Vous devez le comprendre, cette éternelle surveillance faisait le désespoir de Paul.

Il n'avait plus qu'une pensée, celle de la fuite. Peu lui importait de s'exposer à la condamnation des déserteurs : il voulait me rejoindre, me consoler par sa présence, et trouver définitivement le fil de cette trame odieuse, dont il voyait bien alors qu'il avait été le triste jouet.

Sur les entrefaites, Moreau passa le Rhin et se dirigea vers le Danube.

Paul dissimulait. Il résolut d'avoir recours à la ruse et de feindre la plus complète indifférence, pour mieux tromper ses infatigables espions et les dégoûter d'un métier qui devait leur paraître à eux-mêmes peu récréatif.

Aucune occasion favorable ne s'était encore offerte, que déjà l'armée républicaine était rangée en bataille dans les champs de Néresheim. La moindre hésitation de la part du jeune homme lui eût été fatale. Des regards scrutateurs s'attachaient sur lui. Combattre, et combattre avec courage, était la seule perspective au bout de laquelle il pût entrevoir une chance de salut.

La fusillade était engagée; le canon grondait sur toute la ligne.

Moreau, qui s'exposait comme le dernier de

ses soldats, venait d'enfoncer le centre des troupes de l'archiduc Charles. Il courut ensuite au secours de son aile droite, foudroyée par une batterie formidable, que l'ennemi servait sur une hauteur voisine. Le général envoya pour s'emparer de cette position un régiment de fantassins, qui, décimé bientôt par la mitraille, ne tarda pas à plier.

Trois hommes seuls s'avançaient intrépidement sous le feu de la redoute.

C'était Paul, accompagné de Bras-de-fer et de Culotte-de-peau. Le capitaine, son premier persécuteur, avait eu la tête emportée par un boulet.

— Vous qui ne m'avez pas encore lâché d'un pas, dit le jeune homme à ses deux gardiens, voyons si vous oserez me suivre !

Un défi de ce genre ne pouvait manquer d'être accepté par de vieux soldats qui avaient fait leurs preuves. Les fuyards se rallièrent pour marcher sur les traces de Paul et de ses compagnons. Mais, en ce moment, la redoute fit feu de toutes ses pièces. Culotte-de-peau tomba, la jambe fracassée par un biscaïen.

— Vengeons-le! s'écria le marquis.

Il avançait toujours et n'était plus qu'à vingt pas du sommet foudroyant, lorsqu'une nouvelle décharge renversa Bras-de-fer à ses côtés.

Paul, qui n'était pas atteint, s'élança la baïonnnette en avant, sur les artilleurs. Ceux-ci n'eurent pas le temps de recharger leurs canons, et ce qui restait du régiment seconda si bien l'impétuosité du jeune soldat, que les ennemis furent précipités en bas de la colline.

Dix obusiers et trente pièces de campagne tombèrent au pouvoir des Français.

Après le combat, le général fit demander l'intrépide fantassin, dont il avait admiré lui-même les prodiges de valeur. Mais on eut beau chercher Paul, il ne se trouva nulle part.

Mon héroïque cousin, qu'on se préparait à

nommer officier, s'inquiétait médiocrement de venir réclamer le prix de sa bravoure. Délivré de ses gardiens et laissant tous ses autres compagnons d'armes se livrer à la poursuite des fuyards, il sauta sur un cheval qui se trouvait sans maître et courut ventre à terre au milieu des plaines de l'Allemagne. Il galopa toute la nuit et la moitié du jour suivant.

Lorsque son cheval tomba mort de fatigue, le marquis arrivait aux portes d'Erfurth.

Il se trouvait sans argent et sans ressources dans un pays hostile à la France. Que va-t-il devenir? A qui s'adressera-t-il pour obtenir les moyens de regagner la terre natale? L'esprit agité par une foule de réflexions peu rassurantes, il s'enfonça dans un bois situé à quelque distance de la ville.

On était au milieu de septembre, époque où les universités allemandes envoient les étudiants en vacances.

Au détour de l'une des avenues de la forêt,

Paul se trouva face à face avec un jeune homme, qui marchait, un livre à la main.

Le promeneur avait une véritable tête germanique, blonde et rose, aux yeux bleus, au front chargé de rêverie. Il portait la toque universitaire et une redingote de camelot de Hollande, boutonnée jusqu'au dessus de la poitrine. Son col de chemise, d'une blancheur scrupuleuse, était rabattu sur ses épaules, et de larges guêtres lui montaient à la hauteur du genou.

Surpris de voir un soldat français dans une contrée qui n'avait pas encore été envahie par les armées de la République, il ferma son livre.

— Dieu vous protége ! dit-il, adressant à Paul un salut plein de gravité.

Mon cousin lui rendit son salut et répondit en allemand :

— Puissé-je obtenir, comme vous me le souhaitez, la protection du ciel, car j'ai peur que celle des hommes ne me fasse défaut !

— Vous n'avez rien à craindre, si vous ne venez pas en ennemi. L'Allemagne est la terre classique de l'hospitalité.

— Je ne viens pas en ennemi, dit Paul.

— Cependant l'uniforme que vous portez semble démentir cette assertion?

Le volontaire de l'armée républicaine regarda son interlocuteur, dont la physionomie ouverte et loyale semblait provoquer sa confiance. Il fallait bien, d'ailleurs, qu'il s'ouvrît à quelqu'un, sauf à courir le danger d'une dénonciation, si quelques troupes françaises cantonnaient dans les alentours.

— Je suis déserteur, dit-il d'une voix ferme. J'ai quitté l'armée du Rhin pour des motifs que je crois honorables, et non par un sentiment de lâcheté.

L'étudiant considéra Paul pendant quelques secondes, sans mot dire; puis il le saisit par le bras et l'entraîna brusquement au milieu d'un taillis voisin.

— Tenez, dit-il, après avoir ôté sa redingote, prenez ce vêtement, et jetez le vôtre qui pourrait vous trahir. Le soleil est chaud, ce matin; j'irai bras nus jusqu'à Erfurth, où je vous propose de m'accompagner. Mon père est ministre luthérien. Tous les malheureux, tous les proscrits sont nos frères.

Une larme d'attendrissement mouillait ses yeux. Le marquis lui serra les mains avec émotion.

— Vous acceptez? demanda l'étudiant.

— J'accepte, et j'espère, un jour, pouvoir reconnaître le service que vous me rendez aujourd'hui.

— Ma plus précieuse récompense sera votre amitié, dit Frédéric Staps.

— Brave jeune homme! s'écria Paul, elle vous est acquise sans réserve. Lorsque vous saurez...

— Je sais tout. Vous appartenez à une famille noble; je l'ai vu dans votre regard, et je l'ai compris à votre langage. Quand vous m'avez dit: « Je suis déserteur, mais je n'ai pas quitté les rangs par lâcheté, » toute la franchise et toute l'intrépidité de votre âme se sont révélées à la mienne. Nous sympathiserons ensemble, je vous le jure.

Il prit mon cousin sous le bras.

Tous deux se dirigèrent du côté de la ville, dont on apercevait, à une portée de fusil, les vieux remparts couronnés de touffes verdoyantes.

Erfurth est peut-être le seul lieu du monde, où chaque demeure particulière se mette entièrement à l'aise et se donne les allures d'une villa florentine. Il est peu d'habitants qui n'aient leur jardin de plaisance ou leur parc. Sans la cathédrale et la citadelle, qu'on aperçoit au-dessus des massifs d'ombrages, le voyageur, croyant passer près d'une forêt, ne songerait pas à saluer cette ville, qui a eu la gloire d'abriter dans ses murs deux héros, dont le glaive a pesé sur l'Europe à onze siècles de distance, Charlemagne et Napoléon.

Paul, chemin faisant, dit à Frédéric Staps :

— En effet, vous ne vous êtes pas trompé : j'ai le triste avantage d'être noble, et j'ai vu de près la hache des niveleurs. Voulant sauver le père d'une femme que j'aime, et sachant, d'autre part, qu'une loi rigoureuse rendait impossible, au moment où j'ai quitté la France, toute tentative d'émigration, je me suis joint à une troupe de conscrits pour gagner plus facilement l'armée du Rhin. C'était là que je devais rencontrer le père de ma fiancée. Le but de mon voyage était de l'empêcher d'aller à Paris se heurter contre l'échafaud. J'arrivai trop tard. Il était parti, et des membres du comité de salut public se chargèrent de m'apprendre sa fin tragique. En un mot, que vous dirai-je ? La protection du général Pichegru devait m'aider à rompre un engagement qui était loin d'être sincère : Pichegru n'était plus chef de l'armée du Rhin. Je me trouvais malgré moi soldat de la République. On me soupçonnait, on examinait de près chacune de mes actions, et hier seulement j'ai pu m'échapper et trouver passage au milieu de la mitraille. Pour arriver jusqu'ici, j'ai crevé le cheval d'un dragon prussien.

— Vous allez gagner sans doute le camp des émigrés? demanda le jeune Allemand, qui arrêta sur mon cousin ses grands yeux remplis d'une attente inquiète.

— Non, répondit Paul.

Un éclair de satisfaction brilla sur la figure de Frédéric Staps, et le marquis ajouta :

— Je refuse de servir la République, mais je refuse également de me battre contre elle. Des compatriotes égarés n'en sont pas moins des frères; je regarderais comme un crime de verser leur sang.

— Que je vous embrasse! dit le fils du ministre luthérien. Vos idées sont grandes et généreuses. Oui, c'est un crime, un crime horrible, de verser le sang de ses frères. Mais ne sommes-nous pas tous frères? La grande famille du monde n'a qu'une origine, un père commun, qui est Dieu, et la guerre avec ses horreurs, le meurtre, l'incendie, le viol, le pillage, n'entre pas dans les desseins de la Providence. Non, le mal ne découlera jamais de la source du bien. Conquérants, fléaux de l'humanité, soyez maudits! En tous lieux où vous passez sur votre char de triomphe, le flambeau des sciences et de la civilisation s'éteint, les beaux-arts dépouillent leur auréole, les principes meurent, la religion gémit sur ses autels brisés. La haine et la discorde troublent le foyer domestique et chassent les douces émotions, les paisibles confidences, les saintes joies du cœur.

— Il y a beaucoup de vrai dans tout cela, dit Paul.

— Merci! Au moins vous me comprenez,

vous! s'écria l'étudiant. Chaque fois que je me suis élevé jusqu'alors contre ce préjugé monstrueux qui pousse les hommes à s'entre-détruire, on m'a traité de rêveur; on m'a pris pour un enthousiaste, pour un illuminé, pour un cerveau frappé de folie peut-être. O ma belle Allemagne, mon pays bien-aimé! continua Frédéric, dont les yeux se remplirent de larmes, si je te voyais un jour sous la griffe d'un de ces vampires qu'on nomme des héros; si j'entendais le cri de guerre troubler le calme de tes villes silencieuses; si tes champs fertiles, tes moissons étaient foulés aux pieds; si la flamme dévorait tes bois, si tes enfants pleuraient sur leur demeure en ruines!...

— Eh bien, que feriez-vous? demanda Paul, effrayé de l'expression terrible qu'offrait le visage de son nouvel ami.

— J'irais trouver le conquérant, répondit Frédéric d'une voix sombre, et je lui enfoncerais un poignard dans le cœur. N'écrasez-vous pas la vipère qui vous mord au talon? Le berger ménage-t-il un loup qui dévore son troupeau? J'aborderais cet homme, dis-je, et je le tuerais sans remords, en m'applaudissant de mon action. Qu'en résulterait-il? qu'on me tuerait à mon tour. Soit! J'aurais du moins délivré mon pays, et je marcherais au supplice avec joie, en criant: Vive la paix! vive l'Allemagne!

— Heureusement, dit Paul, nous ne sommes plus au temps des César et des Alexandre : vous ne trouverez pas occasion de mettre en pratique un système aussi périlleux.

— Ecoutez, reprit le jeune Allemand d'une voix plus calme, la France est sans contredit la première nation de l'Europe; mais pour la liberté des autres elle est la plus dangereuse. Parcourez l'histoire, voyez ce que deviennent les grands peuples livrés à eux-mêmes et à l'anarchie: presque toujours il arrive un conquérant qui les courbe sous son glaive et les éblouit par le prestige de la gloire. Or, la gloire des armes ne s'acquiert que par la défaite des peuples voisins. Je puis vous le dire, à vous, à vous seul, j'ai d'étranges visions. Le voile de l'avenir se soulève à mes yeux, et j'aperçois un homme au large front, au regard d'aigle, monté sur un coursier plus rapide que le vent d'orage. Il est suivi d'escadrons intrépides ; il écrase des armées entières, foule aux pieds les diadêmes et met l'Europe à feu et à sang. S'il était là, cet homme, je le reconnaîtrais, tant je l'ai vu de fois en rêve. Eh bien, c'est lui que je veux tuer !

Le marquis regardait son guide avec un sentiment de compassion mêlé de crainte. Il tremblait de s'être mis effectivement sous la conduite d'un fou.

Devinant sa pensée, Frédéric Staps lui dit avec un triste sourire :

— Hélas ! vous me jugez à votre tour comme les autres me jugent depuis longtemps.

— Permettez, rien ne peut vous faire croire...

— Oh! n'essayez pas de me donner le change, vous avez trop de franchise pour me tromper. Je commence à craindre moi-même que tout ceci ne provienne d'une imagination malade, et je ne reviendrai plus sur un pareil sujet.

La figure du jeune homme, un instant colorée de tous les feux de l'enthousiasme, reprit l'air de calme et de douce mélancolie qui lui était habituel.

— Nous entrons à Erfurth, dit-il. Vous allez voir mon père et mes deux sœurs, qui vous recevront, soyez-en sûr, avec tous les égards possibles. Vous partagerez ma chambre, et, comme vous savez la langue allemande, nous vous donnerons pour un de nos parents de Berlin, qui va passer l'hiver avec nous. Ce n'est pas de sitôt que vous pouvez songer à regagner la France.

— J'y songe dès aujourd'hui! s'écria Paul. Ma fiancée m'attend, ma fiancée pleure mon absence. Qui la consolera, si ce n'est moi, de la mort de son père? Le dévouement du vieux serviteur que j'ai laissé près d'elle ne suffit pas, en ces mauvais jours.

— Dieu me préserve, dit l'étudiant, de vous faire perdre une heure, lorsqu'il s'agit d'aller retrouver ceux qui vous aiment. Pourtant, voyons quels doivent être ici les conseils de la prudence. Impossible, soit que vous ayez l'intention de traverser la Belgique, soit que vous preniez le chemin de Francfort ou celui de Luxembourg, impossible, dis-je, de ne pas rencontrer des troupes françaises. Or, qu'elles vous prennent pour un déserteur ou pour un émigré, dans l'un et l'autre cas c'est une balle qui vous arrivera dans la poitrine. Si vous voulez, au contraire, descendre sur Munich et gagner la Suisse par Inspruck, vous retomberez infailliblement au pouvoir de l'armée de Moreau.

— Ce n'est pas tout, dit Paul. Je ne puis traverser le pays sans papiers et sans argent.

— J'allais vous faire encore cette observation, répondit Frédéric Staps. Nous serions heureux d'aplanir la difficulté nous-mêmes; par malheur mon père est pauvre, et vous savez qu'en ce bas-monde la bonne volonté seule produit peu de numéraire. On ne l'escompte pas ordinairement dans les maisons de banque. Il est plus sage d'écrire à votre fiancée pour lui mettre l'esprit en repos, et d'attendre que l'armée du Danube soit obligée de battre en retraite, ce qui ne peut tarder, car elle n'est pas en force. D'ici là, qui vous empêche de professer dans cette ville la langue française et de gagner quelque argent pour hâter votre retour à Paris? Certes, il vous en faudra peu. Je m'engage à vous accompagner jusqu'à la frontière suisse. Vous n'ignorez pas que toutes les universités d'Allemagne sont sœurs. Ma qualité d'étudiant vous fera, je vous le certifie, accueillir à bras ouverts sur cette route de Munich et d'Inspruck, qui sera la plus longue, mais en même temps la plus sûre.

Paul fut obligé de se rendre à la logique de son compagnon.

Il avait oublié les discours bizarres qui lui avaient fait craindre d'abord chez Frédéric un dérangement d'esprit.

L'accueil du ministre luthérien et des sœurs du jeune homme fut empreint de cette douce et candide bonhomie, particulière aux peuples d'Allemagne. Mon cousin demeura huit mois dans cette famille hospitalière, et, quand l'armée du Danube eut opéré sa retraite, il voulut partir à toute force.

Plusieurs lettres qu'il m'avait écrites étaient restées sans réponse.

Mon oncle, devenu secrétaire de Barras, et chargé des fonctions du *cabinet noir*, les avait interceptées.

Le marquis et Frédéric Staps, vêtus l'un et l'autre en étudiants; le sac sur le dos et le bâton de voyageur à la main, firent leurs adieux à la ville d'Erfurth par une belle matinée du mois de mars. Ils traversèrent toute l'Allemagne, en gagnant d'abord Cobourg, qui leur montra son château ducal et ses fonderies de cloches et de canon ; puis Nuremberg, qui se dresse orgueilleusement sur ses douze collines et déroule sa large ceinture de murailles, flanquée d'autant de tourelles qu'il y a de jours dans l'année. En sortant de Nuremberg, ils se dirigèrent sur Ratisbonne, et de là sur la capitale de la Bavière, Munich, ville royale, deux fois brûlée de fond en comble, et sortie deux fois de ses ruines, plus riche et plus florissante.

Nos voyageurs furent obligés d'y passer deux jours en parties de plaisir et en festins ; puis une députation d'étudiants les accompagna jusqu'à Tolz, en cotoyant les rives de l'Isser.

Après trois semaines de marche, ils aperçurent les clochers d'Inspruck.

Là devait s'arrêter Frédéric Staps.

Mais le jeune Allemand, qui voyait approcher avec regret l'heure de la séparation, et qui avait voué au marquis l'attachement le plus vif, désira l'accompagner plus loin encore.

Il traversa la Suisse avec Paul.

Ensemble ils franchirent les pics gigantesques des Alpes et descendirent à Genève. C'était alors, comme aujourd'hui, une république à l'eau de rose, qui s'inquiétait peu des hurlements démocratiques de ses voisins, fabriquait ses montres et se baignait les pieds dans son lac bleu.

Ayant, à deux jours de là, traversé la frontière, ils purent saluer Lyon, notre seconde et tumultueuse capitale.

Frédéric Staps, après avoir pris quelque repos, devait quitter enfin le marquis, pour retourner sur ses pas et recommencer ce long voyage que l'amitié lui avait fait entreprendre.

Mon cousin et le jeune Allemand étaient descendus dans une modeste auberge de la Guillotière.

Ils furent réveillés au bruit du tambour qui battait le rappel dans tous les quartiers de la ville. L'aubergiste leur apprit que le général Bonaparte, auquel le Directoire venait d'accorder le commandement en chef de l'armée d'Italie, passait une revue, ce matin-là, sur la place Bellecour, avant de gagner le midi de la France et de tenter un passage par la vallée qui sépare les derniers mamelons des Alpes de la chaîne des Apennins.

Tout cela n'intéressait que médiocrement nos deux amis.

Frédéric Staps allait partir. Leurs adieux furent expansifs. Ils jurèrent de se revoir, et d'entretenir, en attendant, une correspondance active. Le marquis voulut accompagner jusqu'aux barrières le jeune Allemand, qui avait repris le sac et le bâton de voyage. Ils traversèrent la place Bellecour, au moment où Bonaparte passait en revue quelques régiments de l'armée du Rhin, arrivés tout exprès pour renforcer l'armée d'Italie.

Le général et son état-major venant à déboucher près d'eux, Frédéric saisit le bras de mon cousin et le serra de toutes ses forces.

— Au nom du ciel, qu'avez-vous, mon ami? demanda Paul.

Il voyait le visage de l'étudiant s'animer d'une manière effrayante. Le sang lui montait aux joues et au front. Ses lèvres frémissaient, et ses yeux, démesurément ouverts, semblaient lancer des flammes.

— Tenez, dit-il, en montrant Bonaparte, voilà l'homme de mon rêve!

Et comme Paul, qui avait oublié les étranges discours, tenus par son ami sous les arbres de la forêt d'Erfurth, ne comprenait pas et le regardait avec une surprise inquiète :

— Oui, l'homme de mon rêve! continua Frédéric Staps, le conquérant, le nouvel Attila, qui doit ravager mon pays et nous broyer sous les roues de son char!... C'est lui, je le reconnais, c'est lui, vous dis-je!... Adieu, Paul! nous reverrons-nous jamais? Je l'ignore. Ma destinée m'entraîne. Cet homme marche plus rapidement que la foudre. Il faut que je sois là, quand il mettra le pied sur la terre d'Allemagne... Malheur à lui! malheur à lui!

Frédéric s'arracha des bras de mon cousin, qui s'efforçait de le retenir, et s'éloigna dans un égarement inexprimable. Paul s'élançait pour courir après lui, quand un bataillon de fantassins manœuvrant sur son passage et un autre se développant par derrière, il fut tout à coup entouré de soldats.

Au moment où il essayait de trouver une issue pour sortir de ce cercle de baïonnettes, il se sentit prendre au collet; puis une voix rauque fit entendre à son oreille ces mots terribles:

— Fusilier Brabançon, déserteur de l'armée du Rhin, je vous arrête!

Cette voix était celle de Bras-de-fer.

Lors de l'attaque de la redoute, le grognard avait été frappé d'un éclat de mitraille, mais beaucoup moins grièvement que son camarade Culotte-de-peau, en sorte qu'il était alors sur ses jambes, parfaitement guéri de sa blessure.

On traîna le marquis en présence du général Bonaparte, et le régiment tout entier n'eut qu'une voix pour appuyer l'accusation de Bras-de-fer.

IX

Qui montrera combien les bourreaux sont peu flattés de subir le sort des victimes.

Si ma mémoire est fidèle, dit la duchesse, après le dîner du lendemain, je me suis laissée presque mourante et en proie à une fièvre cérébrale si dangereuse, que le médecin ne comptait pas me sauver. Le jour suivant, néanmoins, lorsqu'il me tâta le pouls, il recouvra quelque espérance.

Après avoir lutté plus d'un mois contre l'intensité du mal, il finit par le vaincre et garantit le succès de la cure.

L'abbé Maury, qui n'avait pas voulu partir sans être assuré pleinement de ma guérison, prit Joseph à l'écart.

—Mon ami, lui dit-il, je vais retourner à Rome. Continuez de soigner votre jeune maîtresse avec le dévouement qui vous honore, et rappelez-vous mes conseils au sujet des révélations contenues dans le portefeuille de M. de Sézanes. De la prudence et de l'adresse. Un fripon jette le masque, dès que vous le placez dans l'impossibilité de paraître honnête homme vis-à-vis du monde. Si vous lui sauvez les apparences, l'effet contraire a lieu, et il s'exécute. Comprenez-vous?

— Parfaitement, Monseigneur.

— En d'autres termes et sans paraphrase, quand on n'est pas de force à livrer bataille, on use de diplomatie. Ne commencez toutefois vos tentatives pour obtenir une restitution qu'après la chute des terroristes. La France, fatiguée d'horreurs, demande du calme et du repos. Elle ne souffrira pas qu'on achève de répandre le plus pur de son sang.

— Dieu vous entende, monsieur le cardinal !

— Ne désespérez jamais de la Providence, mon ami. C'est elle qui m'a jeté sur votre chemin pour vous soustraire au péril et sauver la vie à Marguerite de Sézanes. La marquise, sa tante, pour qui je professais la plus grande estime et l'admiration la plus sincère, me remerciera, lorsque j'irai la retrouver là-haut. Ainsi n'oubliez pas mes conseils. J'espère arriver sain et sauf en Italie, et je m'empresserai d'écrire au camp des émigrés, afin d'apprendre si l'on y a vu ce triste et malheureux jeune homme, victime des odieuses manœuvres de l'ancien procureur. Les plans de ce dernier sont aussi clairs que le jour : il veut dépouiller l'orpheline. Vous êtes encore trop heureux que son avidité coupable ait reculé devant une dénonciation, qui vous eût inévitablement perdus tous.

— Votre Eminence croit-elle qu'on ne doive pas l'accuser de la mort de M. de Sézanes? dit Joseph avec amertume.

L'abbé Maury alla prendre sur un bureau voisin ce même portefeuille que mon père avait remis au valet de l'exécuteur.

— Vous n'avez arrêté votre attention, lui dit-il, qu'à celle des notes du pauvre martyr qui justifie d'un dépôt fait entre les mains de son frère. Pesez un peu le sens des autres.

Il ouvrit les tablettes et lut ce qui suit :

« 5 Juin.

» J'ai quitté l'armée de Pichegru, avec un sauf-conduit du général. Du pont de Kehl à Paris, mon voyage a duré trois jours.

» Le 9 au matin, je suis descendu chez Antoine de Sézanes, mon frère, à qui j'avais communiqué par une lettre mon projet de voyage.

Dans cette lettre je le questionnais sur le sort de Marguerite, et, comme je n'avais pas reçu de réponse, j'étais dévoré d'inquiétude. Il me donna d'excellentes raisons pour m'expliquer son silence, et m'apprit que ma fille, la marquise et Paul avaient été condamnés par le tribunal révolutionnaire, mais qu'ils étaient parvenus à s'enfuir des prisons du Luxembourg.

» Avec l'aide et les démarches d'Antoine, je les retrouverai bientôt.

» Ce soir, avant de me reposer de mes fatigues, j'ai remercié Dieu, qui a protégé mon enfant, ma pauvre enfant, que l'ambition et le désir de relever ma fortune m'ont empêché de secourir ! »

« 10 Juin.

» Antoine entre dans ma chambre. Il veut me détourner de mon projet de réclamer à la Commune contre l'épouvantable injustice qui m'est faite. Qu'ai-je à craindre? N'ai-je pas un sauf-conduit du général?

» Ils auront bien envie de m'arrêter, mais ils n'oseront pas.

» J'ai là des bons au porteur pour huit cent soixante mille livres sur les banques d'Amsterdam et de Hambourg. Je les confie à mon frère.

» C'est une mesure de prudence.

» Si la République me fait banqueroute, il doit me rester encore plus de deux mille louis de revenu. Je donnerai pour dot à Marguerite la moitié du capital. »

« 12 Juin.

« Hélas! mon frère avait raison!

» Les misérables ont tourné mon sauf-conduit en ridicule. Ils m'ont envoyé à la Conciergerie, en me disant que Pichegru viendrait bientôt m'y rejoindre.

» J'ai comparu devant Robespierre.

» — Dernièrement, m'a-t-il dit, plusieurs traîtres de ta famille m'ont échappé. Tu paieras pour eux tous, à moins que tu ne veuilles m'indiquer l'endroit où ils se cachent.

» Oh! de quel monstrueux limon cet homme est-il pétri, pour s'imaginer que j'aurais pu trahir la retraite des miens, dans le cas où je l'eusse connue, rachetant ainsi mes jours par la plus insigne des lâchetés?

» Ma réponse fut ce qu'elle devait être : un cri d'horreur et de dégoût.

» — Alors, m'a dit Robespierre, je vais prendre l'avis de mes collègues, et tu auras prochainement de nos nouvelles. »

« 14 Juin, huit heures du soir.

« Ils ne me jugeront pas, le geôlier me l'a donné tout à l'heure à entendre : ils craignent le scandale, ils me tueront sans que je puisse dire un mot pour ma défense.

» O mon Dieu! ne reverrai-je plus mon enfant?

» Antoine connaît-il ma douloureuse position? Travaille-t-il à ma délivrance? Tous ses efforts seront impuissants. »

« 15 Juin.

« C'est aujourd'hui que je dois mourir.

» Je recommande mon âme au ciel et je le prie de me pardonner mes fautes. Les infâmes ont refusé de m'envoyer un prêtre.

» Sur le chemin que je vais suivre pour aller à la mort, puissé-je rencontrer une personne compatissante, qui veuille porter ces tablettes à mon frère! Il les remettra lui-même à Marguerite.

» On ouvre les portes de mon cachot. C'en est donc fait!

» Ma fille! ma chère et malheureuse enfant, adieu! Ce papier, que j'arrose de mes larmes, te portera mon dernier baiser; ma bénédiction suprême... »

Le cardinal ému ferma le portefeuille.

— Vous le voyez, dit-il, on ne peut pas accuser Antoine de Sézanes d'avoir causé la perte de son frère. Il a laissé froidement la destinée s'accomplir ; il a profité d'un épouvantable malheur pour satisfaire ses penchants cupides. Ce crime est assez grand, ne lui en cherchons pas d'autre.

Il se leva, ouvrit un meuble et prit une bourse, qu'il vint déposer entre les mains de Joseph.

— Vous trouverez là, dit-il, quatre-vingts louis. Cet argent ne m'est pas nécessaire. J'ai plus qu'il ne me faut pour ma route. Que rien ne soit épargné pour rétablir notre chère malade. Arrivé à Rome, je vous enverrai d'autres espèces. Gardez mon logement. Le propriétaire m'a fait payer une année d'avance, précaution sage par le temps qui court, attendu que la République, une et indivisible, peut couper du jour au lendemain la tête à un locataire, sans lui demander s'il a sa quittance en poche. Vous êtes également libre de continuer mon cabinet d'affaires. Si, contre mon pressentiment, il vous reste encore à passer quelques mauvais jours, ce sera pour vous un moyen d'écarter les soupçons. Vous n'avez pas de titre pour exercer, me direz-vous? Je n'en avais pas davantage. Lorsqu'un client se présentait, je l'invitais à expliquer sa cause, et je lui accordais une consultation gratuite. Sans avoir fait du droit une étude spéciale, le simple bon sens vous aide à donner d'excellents avis, dont personne ne peut se plaindre, puisqu'ils ne coûtent rien.

— Monseigneur, dit Joseph, vous recevrez un jour les remercîments de Marguerite de Sézanes, si le ciel permet qu'avec la santé du corps elle recouvre la raison.

— Comptez-y! La Providence est là. Vous avez reçu mille preuves de sa sollicitude. Ce portefeuille, qui vous a fait connaître la trahison de l'ex-procureur, devait-il tomber entre vos mains? Qui m'a conduit sur votre passage? Qui m'a donné le calme et le sang-froid au moyen desquels je me suis arraché des griffes du peuple, en vous en tirant vous-mêmes ? Le doigt du Seigneur est visible, mon ami. Soyez sans crainte, l'œuvre d'en haut ne restera pas imparfaite.

Le cardinal achevait à peine ces mots, qu'un grand bruit se fit entendre au dehors.

J'étais dans une chambre voisine, étendue sur une chaise longue, et la vieille gouvernante de l'abbé Maury travaillait à côté de moi.

Quelles pouvaient être mes pensées? Dans quel nuage flottait mon intelligence? A de rares intervalles, il m'était arrivé de reconnaître Joseph. Quand il me parlait de mon cousin, sa voix me faisait tressaillir. Je m'emparais avec ivresse du portrait de Paul, que me présentait le vieil intendant, j'approchais la miniature de mes lèvres, je la couvrais d'embrassements et de caresses; mais presque aussitôt je retombais dans une mélancolie sombre et morne, que rien ne pouvait plus dissiper. Un éclair de raison n'était venu percer les ténèbres de la folie que pour les rendre plus profondes.

Par un singulier phénomène, ma santé physique se rétablissait, tandis que le moral restait chez moi frappé d'anéantissement.

Certaines circonstances avaient néanmoins le pouvoir de m'arracher à cette stupeur éternelle où mon âme était plongée.

Si je venais à entendre, — ce qui n'était pas rare à cette époque, — le bruit lointain de la foule qui se rassemble ; si mon oreille percevait cette rumeur indéfinissable qui précède les orages populaires, mes yeux éteints se ranimaient, ma poitrine battait avec force.

Je me croyais encore sur cette place où j'avais vu mourir mon père, au milieu de la multitude qui entourait l'échafaud ; je criais, je sanglotais, je revenais à tous les égarements de mon premier délire.

Le soleil éclairait la matinée du 9 thermidor.

Ce tumulte, qui avait interrompu le cardinal, était produit par les sections, dirigées en masse sur la Commune.

Joseph et le prélat, connaissant la fâcheuse influence que ces sortes d'événements exerçaient sur mon imagination malade, s'empressèrent d'accourir vers la pièce dans laquelle je me trouvais.

Malgré les efforts de la gouvernante, je m'étais élancée déjà du côté de la fenêtre.

Ils me retinrent, au moment où, la tête perdue, l'œil en feu, la coiffure en désordre, j'allais, pour rejoindre cette foule dont les clameurs m'attiraient, me précipiter du troisième étage et me briser les membres sur le pavé de la rue.

L'appartement que nous occupions avait son entrée, comme je vous l'ai dit, dans une petite rue près du Palais de Justice; mais nos chambres donnaient sur la Seine, et nous découvrions toute la ligne des quais, depuis le Louvre jusqu'à la Grève.

En face était le pont Notre-Dame, et, sur la droite, on apercevait l'Hôtel-de-Ville.

Ce jour-là, tout Paris était dehors.

Les têtes grouillaient par milliers sur les trottoirs ; le seuil de chaque demeure était encombré de curieux. Il y avait du monde aux fenêtres, il y en avait jusque sur les toits. Chacun accourait pour assister à la lutte suprême, qui avait lieu depuis la veille, et dont le résultat n'était plus douteux.

Du côté du Pont-Neuf, on voyait déboucher les sections armées, traînant après elles une artillerie formidable.

A cinquante pas en avant, courait à cheval un homme ivre, que le peuple accueillait par des huées et couvrait de fange. C'était le séide enragé de Maximilien, l'énorme et stupide morceau de chair qu'on appelait Henriot.

Il arrivait de la place du Carrousel.

Là son autorité avait été méconnue. Refusant de pointer leurs pièces sur le palais national des Tuileries, où siégeait la Convention, les artilleurs s'étaient mis à rire au nez de ce général des ruisseaux, qui leur commandait le feu dans un langage hébété par l'ivresse. Ecumant de colère et blasphémant comme un damné, Henriot reprenait le chemin de la Commune, asile jusqu'alors inviolable de ses complices.

Furieux de l'obstacle que la foule mettait à son retour, il sabrait à droite et à gauche pour se frayer un passage.

Ce fut ainsi qu'il arriva jusqu'à l'Hôtel-de-Ville.

En attendant, les sections approchaient, excitées sur leur chemin par des encouragements unanimes. De toutes parts s'élevaient ces mêmes cris, que, six semaines auparavant, j'avais entendus déjà retentir à mes oreilles.

— A bas le tyran!

— Mort à Robespierre!

De la fenêtre, d'où le cardinal et mon vieux Joseph n'avaient pu m'arracher, je mêlais ma voix à cette grande voix du peuple, et je criais comme lui:

— A bas le tyran! Guillotinez le monstre! Vengez la France!

Mes deux mains crispées s'accrochaient énergiquement à la grille du balcon. La sueur découlait à flots de mon visage, et les trois personnes, occupées à me retenir, allaient être impuissantes contre la force surhumaine que me donnait l'accès dont je venais d'être saisie.

En ce moment, entra le médecin qui me donnait des soins.

L'abbé Maury le connaissait de longue date et l'avait mis au courant de tous nos secrets. C'était un fort honnête homme, ami de l'ordre. passablement royaliste, et qui plus d'une fois avait joué sa tête, en blâmant les actes odieux des maîtres passagers de la France. Mais il arrivait presque toujours, quand sa franchise l'avait par trop compromis, qu'une bienheureuse colique ou une fièvre protectrice le rendait tout à coup nécessaire à ceux qui allaient le condamner.

Couthon, le paralytique, opina très-souvent pour laisser vivre cet éternel censeur et ne pas se priver des ressources de son art.

Robespierre et Saint-Just faisaient aussi partie de la clientèle du docteur. Jamais, je vous l'assure, membre de la Faculté ne fit paraître une joie aussi sincère, à la veille de perdre ses meilleures pratiques.

En entrant, il débuta par jeter son tricorne au plafond, et donna sur le parquet des coups de canne, en criant:

— Victoire ! Les terroristes sont tous hors la loi, la Commune a le dessous, et le pays est sauvé !

S'apercevant alors de l'empressement qu'on

mettait à me retenir, et devinant de quoi il s'agissait, le docteur fut aussitôt saisi d'une idée lumineuse. Il accourut à la fenêtre, me prit la main, qu'il serra fortement dans la sienne, et me dit d'une voix solennelle et vibrante :

— Marguerite de Sézanes, veux-tu assister au châtiment des bourreaux qui ont tué ton père?

Un frisson me courut de la tête aux pieds.

Je lâchai la fenêtre et je regardai le docteur, qui poursuivit, en étendant le bras et en me montrant la Commune, où sonnait le tocsin d'alarme :

— Oui!... Le peuple se charge de les punir. Tu vas être vengée, ma fille!... Aujourd'hui même, entends-tu? Viens!

Il m'entraîna.

Le cardinal comprit la pensée du docteur.

Une émotion terrible ayant bouleversé mon esprit, une autre émotion de même nature pouvait anéantir l'effet causé par la première.

Dix minutes après, l'abbé Maury, Joseph, le docteur et moi, nous étions au milieu de la foule qui encombrait les abords de l'Hôtel-de-Ville. On entendait toujours résonner le lugubre tocsin, qui annonçait à la capitale l'agonie des terroristes.

La Commune était au pouvoir des sections. Tous les passages étaient gardés, toutes les salles étaient envahies. D'épouvantables rumeurs s'exhalaient de ce repaire où l'on traquait des tigres. Leurs derniers rugissements n'effrayaient plus le peuple. Il battait des mains, il poussait des cris joyeux.

J'étais là, pâle, immobile, les yeux fixes, la poitrine haletante.

— Regarde! me dit le docteur.

Et je vis un homme, qu'on précipitait, du haut des fenêtres, sur un tas d'ordures.

C'était le général Henriot, dont le premier

soin, en arrivant à la Commune, avait été de boire une bouteille d'eau-de-vie tout entière pour se donner du courage. On n'avait pas à craindre qu'il se relevât de son fumier pour prendre la fuite : il était ivre-mort.

Un autre tomba bientôt à ses côtés et se cassa la jambe dans sa chute. C'était le frère de Maximilien.

La foule, implacable dans sa vengeance, ne manifestait nul sentiment de pitié. Pourquoi, d'ailleurs, eût-elle plaint de tels hommes? Chacun d'eux mérite mille trépas au lieu d'un. Ne se vautrent-ils pas, depuis quinze éternels mois, dans le sang et dans la fange? De quels forfaits ne sont-ils pas coupables? Devant quelle horreur les a-t-on vus reculer.

Point de grâce!

Ils ont étendu sur la France un sombre voile de deuil; ils ont brisé les autels d'une religion miséricordieuse et pure pour en élever au meurtre et à l'infamie.

Non, point de grâce!

Car, là-haut, planent les ombres des martyrs, ombres plaintives, qui demandent si tant de crimes resteront impunis, et si le sang versé ne fera pas naître des vengeurs.

— Robespierre! Robespierre! criait le peuple.

Et Robespierre ne paraissait pas encore. L'Hôtel-de-Ville était ébranlé jusque dans ses fondements. On sondait les murs, on brisait les portes; mais on eût dit que le noir édifice voulait garder son maître.

Soudain une détonation se fit entendre.

Voyant qu'il allait tomber au pouvoir de ceux qui s'acharnaient à sa poursuite, et jugeant sa perte inévitable, Maximilien résolut de s'épargner le châtiment public de ses crimes. Il dirigea contre sa personne le canon d'un pistolet.

Mais, au lieu de se brûler la cervelle, il ne fit que se fracasser la mâchoire.

On le descendit saignant sur la Grève.

Alors le docteur fendit les rangs de la foule, et me conduisit près du tombereau, sur lequel on venait de charger tous les membres de la Commune et leurs complices. Il ne prononça pas une parole; mais il me désigna Robespierre, dont un linge taché de sang couvrait à demi la figure.

Mes yeux rencontrèrent ceux de Maximilien.

Le lâche pleurait!

Je vis à côté de lui Saint-Just et Couthon.

Derrière les chefs terroristes gisait la masse inerte de l'abominable Henriot, sur lequel on avait entassé pêle-mêle le reste des prisonniers. La Convention victorieuse les attendait pour les juger, séance tenante, et les jeter ensuite comme dernière pâture à la guillotine.

Un voile semblait s'être déchiré dans mon esprit. J'avais le sentiment complet de ce terrible spectacle.

— O mon Dieu! m'écriai-je, en tombant à genoux, vous êtes juste, et je n'ose vous prier de leur pardonner!

— Du haut du Calvaire, ma fille, le Christ a demandé le pardon de ses bourreaux, dit l'abbé Maury, que je reconnus alors, et dans les bras duquel je me précipitai toute en pleurs.

X

Une scène tragi-comique dans les salons de Barras.

Depuis le jour maudit qui éclaira le meurtre de M. de Sézanes et le départ de mon fiancé, nous avons perdu de vue l'homme que j'appelle encore mon oncle, et que je ferais mieux d'appeler mon bourreau.

Antoine de Sézanes croyait n'avoir plus l'ombre de ménagement à garder envers moi.

Son but, en m'adressant les cruelles paroles,

dont vous n'avez pas perdu le souvenir, était de blesser à tel point ma fierté que je n'eusse plus aucune envie de le revoir. Il avait lieu d'espérer que j'ignorerais longtemps encore, et peut-être toujours, la triste fin de son frère. Après m'avoir séparée de Paul, de celui dont la protection pouvait surtout faire échouer ses plans, qu'avait-il à redouter d'une jeune fille et d'un vieillard, contraints l'un et l'autre à se dérober aux recherches, et, de plus, exposés à toutes les angoisses du besoin?

Dans ses honteux calculs, mon oncle n'avait oublié qu'une chose : c'est que le ciel se plaît à venir en aide à l'orphelin qu'on dépouille, au faible qu'on écrase.

L'intention positive de l'ancien procureur était de supprimer à l'avenir toute relation avec moi.

Poussée par la détresse, je pouvais humilier mon orgueil et me présenter tôt ou tard à la maison de la rue des Poitevins : en conséquence il changea de domicile et s'arrangea pour dérober sa nouvelle adresse à nos perquisitions.

Ceci se passait au moment où j'étais étendue sur mon lit de douleur, dans l'appartement que nous devions à l'hospitalité généreuse du cardinal.

Les prévisions du médecin achevaient de se justifier : la raison m'était complétement rendue.

Mais je repris avec mes souvenirs une poignante et mortelle inquiétude. Où était Paul? Où retrouverai-je mon fiancé, le compagnon de mes infortunes, mon premier, mon seul amour? A quel destin funeste a pu le vouer la trahison d'Antoine de Sézanes?

Je tombai, suppliante, aux genoux de l'abbé Maury, et je lui demandai avec larmes de me permettre de l'accompagner hors de France, où j'aurais l'espoir de m'occuper de mes recherches avec plus de fruit.

Le cardinal me dissuada de ce projet.

— Ou votre cousin, me dit-il, est encore

attaché au service de la République, ou il a eu recours à la désertion. Dans l'un ou l'autre cas, il faut attendre qu'il vous donne de ses nouvelles. Irez-vous donc, ma pauvre enfant, vous jeter au milieu du tumulte des armées? Vous exposerez-vous aux outrages d'une soldatesque sans frein ni loi? Et si votre fiancé n'est plus dans les rangs, où le rencontrerez-vous? Pendant que vous le chercherez aux frontières, il se peut qu'il regagne Paris. Alors il vous cherchera vainement à son tour. Croyez-moi, ma fille, vous avez aujourd'hui à songer à autre chose, dans votre intérêt comme dans celui de M. de Frenelle. Toutes les propriétés de votre tante ont été confisquées au profit de la Nation. Je doute que le nouveau gouvernement, quel qu'il soit, se décide à restituer ce qu'a jugé convenable de prendre l'ancien. Ne comptez pas non plus sur la dette contractée par la Commune vis-à-vis de votre père. Si vous voulez être un jour à l'abri du besoin, faites rendre gorge à l'homme qui retient un dépôt sacré. Ce brave Joseph a reçu mes conseils à cet égard. Son affection pour vous lui suggèrera tous les moyens possibles de réussite, et quand le marquis reviendra, vous aurez la joie de lui offrir une fortune reconquise. Je demande à Dieu, ma fille, qu'un heureux hymen vous console de vos malheurs.

Le cardinal réussit à me convaincre et me renouvela la promesse qu'il avait faite au vieil intendant d'écrire à l'armée de Cobourg.

Il partit.

Je ne devais le revoir qu'en 1814, lorsqu'il plut à Napoléon de le rappeler en France.

Donc je restai de nouveau sans autre protecteur que Joseph. Le digne homme se mit à l'œuvre au plus vite et dressa ses batteries contre Antoine de Sézanes. Ne le trouvant plus rue des Poitevins, il ne se découragea point, et se livra pour le découvrir à des démarches infinies.

Elles n'obtinrent de résultat que six mois plus tard.

N'ayant plus, de mon côté, rien à craindre des proscriptions, je me faisais accompagner de la vieille gouvernante de l'abbé Maury, restée à notre service, et je me rendais tous les matins à notre ancienne demeure de la rue Culture-Sainte-Catherine.

C'était là que devaient nécessairement arriver les lettres de Paul; c'était là qu'il devait se présenter, en cas de retour.

Le logement se trouvait alors occupé par d'autres personnes. Mais j'avais donné le mot d'ordre au concierge. Il nous avait promis, soit de conserver les lettres à notre adresse, soit de retenir le marquis, s'il arrivait dans l'intervalle de nos visites quotidiennes.

Deux raisons graves me faisaient cacher notre nouveau domicile.

Tout dévoué qu'il nous parût, le portier du quartier Saint-Antoine pouvait se mettre du parti du plus offrant. Je tremblais que mon oncle ne vînt à le séduire et à dresser contre nous quelque nouvelle embûche. D'autre part, si mon fiancé revenait, il était prudent de lui conserver un refuge que personne ne pût indiquer à la police du Directoire.

Il y avait longtemps déjà que je faisais chaque jour cette course matinale.

De sinistres pressentiments me traversaient l'âme. Toute l'Europe connaissait la chute de Robespierre et la fin de la Terreur. Il devenait de plus en plus invraisemblable que Paul n'eût point appris qu'il pouvait m'écrire en parfaite sécurité.

Je résolus d'aller prendre des informations au ministère de la guerre, et Joseph y vint avec moi.

Là, nous sûmes qu'un fusilier, du nom de Paul Brabançon, s'était distingué d'une manière éclatante à la bataille de Néresheim, et qu'il avait disparu, le soir même, juste au moment où le général en chef se préparait à récompenser sa bravoure.

— On suppose, dit l'employé qui nous donnait ces détails, que ledit Paul Brabançon se laissa trop vivement emporter par son courage à la poursuite de l'ennemi vaincu, et qu'il tomba dans une embuscade où on le fit prisonnier. Ce qu'il y a de positif, c'est qu'on ne l'a pas retrouvé parmi les morts sur le champ de bataille.

Tout cela ne mettait pas fin à ma pénible incertitude ; mais du moins avais-je des nouvelles de notre malheureux volontaire.

Je ne sais pourquoi je préférais me le figurer en puissance de l'archiduc et prisonnier de l'Autriche, que de le savoir au milieu des troupes républicaines.

Cette opinion, mon ami, vous paraîtra peut-être antinationale.

Hélas ! il faut nous pardonner quelque chose, à nous, pauvres nobles, qui avons eu tant à souffrir! Le drapeau révolutionnaire ne nous semblait pas le drapeau de la France. Nous avions tort, je l'avoue; mais pour faire une distinction pareille, il fallait être calme et raisonner sans esprit de parti, sans passion politique.

Joseph me dit, en revenant des bureaux du ministère :

— A propos, Mademoiselle, je tiens notre homme.

— Qui cela?

— Votre cher oncle, parbleu! Vous savez que je ne m'occupe absolument que de lui.

— Tu l'as trouvé?

— Comme vous le dites, ma chère enfant Devinez où?

— Je ne devine rien. Parle vite.

— Antoine de Sézanes est secrétaire intime de Barras.

— Est-ce possible?

— C'est comme j'ai l'honneur de vous le certifier. La fortune vient souvent en aide aux fripons audacieux. Dans sa jeunesse votre oncle avait connu Barras. Comme la Provence et le Dauphiné se donnent la main, le collége de Gap, avant la Révolution, se trouvait fréquenté par les étudiants des deux provinces, et l'ex-procureur y fit ses classes avec l'homme qui possède aujourd'hui le tiers de la puissance. Vous devinez que, depuis l'installation du Directoire, il s'est empressé de faire la cour à son ancien condisciple. On assure qu'il est l'âme damnée de Barras. Ce soir même, Mademoiselle, nous aurons le plaisir d'aller présenter nos hommages à votre oncle, au palais du Luxembourg.

J'étais ébahie de surprise.

— Ah! dame, continua Joseph, on ne trouve pas facilement un individu qui se cache en pareil endroit. J'avais beau me livrer à des courses perpétuelles, ces courses auraient pu durer longtemps encore. Je ne m'avisais pas de le chercher à cette hauteur.

— Quelqu'un t'a mis sur la voie?

— J'ai tout su par votre médecin. L'excellent homme continue de tâter le pouls aux sommités républicaines.

— Mais si mon oncle est l'ami des hommes du gouvernement, ceux-ci le protégeront envers et contre tous. Voilà qui nous laisse peu d'espoir d'obtenir justice.

— Allons donc! fit Joseph, me prenez-vous pour un sot, Mademoiselle? Est-ce que nous irons nous jeter aux pieds de Barras, pleurer, supplier, faire de la tragédie? Non pas, ma chère enfant, non pas! Ce serait de la maladresse. Antoine de Sézanes trouverait, comme vous dites, moyen de tourner contre nous ses protections et de nous donner tort. J'ai dressé sous ses pas une trappe couverte de roses, au fond de laquelle il tombera sûrement. Je n'entre là-dessus dans aucun détail. Qu'il vous suffise de savoir qu'une fête a lieu aujourd'hui même dans le salon directorial. Notre brave docteur se charge de nous introduire au sein d'une réunion composée de presque toutes les notabilités de l'époque.

Je pressai vivement Joseph de me dire quels moyens il allait mettre en œuvre pour amener mon oncle à une restitution.

— Permettez-moi de garder mon secret, Mademoiselle, et de vous laisser le bonheur de la surprise, me répondit-il. Occupez-vous tout simplement d'être jolie.

La figure du vieillard resplendissait d'une satisfaction si vive; il semblait si convaincu de la réussite de son projet mystérieux que je n'insistai pas.

Nous rentrâmes, et je me mis aussitôt à ma toilette.

Je me parai d'une simple robe blanche, nouée d'une ceinture rose, et je plaçai quelques fleurs dans mes cheveux. Pour Joseph, ayant hérité de la garde-robe de maître Marcellus, il y trouva un habit noir fort passable, et, la nuit venue, nous nous fîmes conduire au Luxembourg par le plus modeste des sapins.

Les salons de Barras étaient encombrés déjà de cette multitude oublieuse et folâtre, qui n'avait rien trouvé de mieux à faire, après les angoisses de la Terreur, que de jeter ses vêtements de deuil, pour se réjouir et danser. C'était, je vous assure, un triste spectacle que ces fêtes splendides au milieu des ruines de la nation, que cette orgie sur les tombes. On était surpris de vivre encore, on ne savait comment exprimer son ivresse, on se félicitait, on s'embrassait, on se livrait à toutes les joies, à tous les délires.

Et que vouliez-vous qu'elle fît autre chose, cette société dont on avait flétri les croyances, et qu'on avait perdue si longtemps sur la voie ténébreuse de l'athéisme? Pouvait-elle diriger vers le ciel les élans de sa reconnaissance? Pouvait-elle aller remercier Dieu dans les temples fermés ou abattus?

On dansait donc, au lieu de prier pour soi-même et pour les victimes.

Ces dames avaient retrouvé leur sourire et ces messieurs leur galanterie. Mais il y avait dans tout cela quelque chose de galvanique et de forcé, quelque chose hors nature, pour ainsi dire, qui se trahissait jusque dans le costume et dans le langage. Ce n'était plus l'ancienne société française, avec ses mœurs coquettes et parfumées, avec son esprit plein d'enjouement et de grâce. L'esprit du Directoire sentait les ruelles et changeait l'amour en débauche. On avait traversé trop de fange pour ne pas en être sali.

Notre entrée chez Barras produisit un effet extraordinaire.

Avant tout, je dois vous donner quelques détails. Il faut vous raconter les circonstances qui précédèrent notre apparition.

Mon oncle était non-seulement le secrétaire intime du principal directeur de la République, il était aussi le *factotum* du logis, l'intendant suprême sur lequel le maître se déchargeait de la plus grande partie des fatigues de la réception. Donc, Antoine de Sézanes, vêtu d'un costume d'Incroyable, infiniment plus exagéré comme splendeur que celui sous lequel nous avions autrefois reçu sa visite, accueillait ce jour-là les invités.

Celui qui se présenta le premier dans les salons fut notre serviable docteur.

J'ai déjà dû vous dire que c'était un homme tout rond, tout jovial, et qui professait un merveilleux sans-gêne dans l'action comme dans le discours.

— Ah! parbleu! monsieur le secrétaire, dit-il, en abordant mon oncle, je ne vous connais que depuis vingt-quatre heures, encore le dois-je à cette prétendue gastrite dont vous vous croyez menacé. N'importe, il faut que je vous embrasse!

En même temps, il donna trois ou quatre accolades à Antoine de Sézanes stupéfait.

— Certes, continua-t-il, le remède le plus efficace et le plus infaillible pour les maladies du corps est le contentement qu'éprouve notre âme après un acte de vertu. Vous devez être guéri, ce soir, vous devez l'être, vous dis-je! En lisant le récit de votre noble conduite, je me suis senti ému jusqu'aux larmes.

— Quel récit? demanda mon oncle, ouvrant de grands yeux écarquillés par la surprise.

— Diable! je m'aperçois que vous n'avez pas eu le loisir de jeter un coup d'œil sur le journal. Cependant vous devez me comprendre.

— Ma foi, docteur, je ne sais vraiment pas ce que vous voulez dire.

— Ah! de la modestie? Bien, très-bien! Mon estime pour vous ne fait que s'accroître. Et tenez, voici d'autres félicitations qui vous arrivent. Je ne serai pas aujourd'hui votre seul admirateur.

En effet, un cercle nombreux se formait autour d'Antoine de Sézanes. Comme si chacun se fût donné le mot, un concert de louanges retentissait à ses oreilles.

Rewbell (¹) vint lui frapper amicalement sur l'épaule.

— Ma foi, lui dit-il, c'est un trait qui vous honore, et dont bien peu d'hommes seraient capables de nos jours! Il est prouvé que chez le plus grand nombre la conscience est un meuble de luxe.

— Hélas! oui, s'empressa d'ajouter un courtisan (le Directoire avait les siens, et celui qui prenait la parole espérait que l'écho des salons ne laisserait pas échapper une flatterie sans la reproduire); mais disons bien vite que le citoyen Sézanes est à l'école de toutes les vertus républicaines : loyauté, probité, désintéressement, voilà sa devise et celle de ses nobles patrons.

(¹) Un des collègues de Barras.

Les femmes surtout accablaient mon oncle d'éloges affectueux et de questions empressées.

— Où se cachait-elle donc, cette chère petite?

— Comme elle a dû vous bénir!

— Pauvre jeune fille! On dit qu'elle était dans la plus profonde misère.

— Ne l'amenez-vous pas aujourd'hui? nous voulons la voir et l'embrasser.

L'ex-procureur tenait sous le bras le claque exorbitant qui servait de coiffure aux Incroyables. Il saluait à droite, il saluait à gauche, tout à fait ahuri de ces apostrophes, auxquelles il continuait de ne rien comprendre. Son visage était pourpre, et, de la main qui lui restait libre, il essuyait avec un mouchoir de fine batiste les larges gouttes de sueur qui perlaient sur son front.

— Expliquez-vous, disait-il; en vérité, c'est un logogriphe que vous me posez là!

— Bon! dit madame Tallien, qui venait d'entrer, vêtue de son riche mais trop léger costume de Romaine, voilà comme ils sont, tous ces héros de la probité et du devoir! Leurs actes les plus nobles paraissent à leurs propres yeux si naturels et si simples, que jamais ils ne comprennent l'admiration qu'ils excitent chez les autres. Ça voyons, monsieur le secrétaire, résignez-vous à subir nos félicitations! Je déclare que, si les Conventionnels n'avaient pas aboli le prix de vertu fondé par le ci-devant baron de Monthyon, vous seriez couronné demain par l'Académie française. N'est-il pas vrai, citoyen Directeur? ajouta-t-elle, en prenant le bras d'un gros homme, qui venait de pénétrer jusqu'au milieu du cercle, et devant lequel chacun s'inclinait respectueusement.

C'était Barras.

Il tenait un journal à demi-déployé.

— Vous avez raison, citoyenne, dit-il à madame Tallien.

Puis s'adressant à toutes les personnes qui composaient le cercle, et toussant plusieurs fois avec une gravité magistrale :

— Quelques-uns d'entre vous, poursuivit-il, ne connaissent peut-être pas encore l'article inséré, ce soir, dans le *Moniteur?* Je vais le lire à haute voix, afin de prouver à tous que je sais dignement choisir les hommes auxquels j'accorde ma confiance.

En parlant de la sorte, il serrait cordialement la main de mon oncle, qui jetait autour de lui des regards de plus en plus effarés.

Antoine de Sézanes interrogeait en vain sa conscience. Il ne devinait pas quel pouvait être l'acte vertueux qui lui obtenait de si grands éloges, et se croyait victime d'une mystification dont il ne prévoyait pas l'issue.

Pendant que ces choses se passaient à la soirée directoriale, nous étions arrivés au Luxembourg, et nous attendions le docteur dans les antichambres.

Il s'éclipsa pour nous rejoindre, tandis que Barras faisait la lecture d'un article du *Moniteur* ainsi conçu :

« Nous regardons comme un devoir de signaler un merveilleux exemple de délicatesse et de conscience. Le citoyen Sézanes, secrétaire du gouvernement au Luxembourg, avait reçu de son frère, exécuté il y a sept mois, près d'un million, qu'il pouvait s'approprier sans courir aucun risque, attendu que rien ne justifiait ce dépôt. D'ailleurs, le citoyen Sézanes, victime comme tant d'autres de l'absurde système du droit d'aînesse, n'eût pas été le moins du monde répréhensible en conservant une somme, qui n'était, à tout prendre, qu'une restitution légitime. Cet homme vertueux repoussa loin de lui ce raisonnement qui eût calmé bien des âmes moins scrupuleuses que la sienne. Il savait que son frère laissait orpheline une fille, âgée de dix-neuf ans à peu près.

Il se mit à la recherche de sa nièce et parvint à la découvrir. La malheureuse enfant était dans la plus complète indigence, et la proscription l'avait séparée d'un jeune cousin, auquel elle était promise. Or, le premier soin du secrétaire fut d'entourer l'orpheline de tout le bien-être imaginable, afin de lui faire perdre le souvenir de l'infortune et des mauvais jours. Il se livre, en ce moment, à des démarches actives pour réunir les deux fiancés, et il leur donnera pour dot le dépôt, tel qu'il fut remis entre ses mains. Alors le citoyen Sézanes restera presque pauvre; mais un pareil homme devrait être pensionné sur les fonds de l'Etat pour le reste de sa vie. »

A peine la lecture s'achevait-elle, au bruit d'unanimes applaudissements, que je fus annoncée par les domestiques de l'antichambre.

Le docteur m'introduisit avec Joseph, et s'avança gravement au milieu du cercle, en me conduisant sous le bras.

— J'ai l'honneur, dit-il, de présenter au citoyen Barras la nièce de son digne et vertueux secrétaire !

Ce serait en vain que j'essaierais de vous peindre l'étonnement, la stupéfaction et la rage concentrée d'Antoine de Sézanes. Tantôt ses joues étaient livides et tantôt écarlates. Il faisait sur lui-même des efforts inouïs pour ne pas éclater, — car on m'entourait, on me questionnait, on me faisait fête.

Madame Tallien s'était emparée de ma personne et me promenait, comme une merveille, d'un bout à l'autre des salons.

Quant au trouble de mon oncle, on l'avait mis sur le compte de l'émotion, de la modestie, que sais-je ?

Ceux des invités qui ne pouvaient s'approcher de moi lui formaient une espèce de cour.

Alors Joseph, se glissant derrière lui, prononça ces mots à voix basse :

— Vous me devez tous les compliments dont on vous accable. J'ai rédigé moi-même l'article du *Moniteur*, et, convenez-en, je vous fais jouer un rôle superbe! Cela valait mieux que de vous perdre de réputation. Je me réserve pourtant de le faire, si vous vous écartez de la route honorable qui vous est tracée. Voici notre adresse écrite, — ne la perdez pas. Marguerite de Sézanes vous attendra demain, ainsi que les huit cent soixante mille livres. J'ai bien l'honneur de vous saluer!

Antoine de Sézanes n'y tint plus.

Il sortit et nous laissa triompher sur le champ de bataille.

Chacun se figura qu'il avait voulu se soustraire, par comble de modestie, aux félicitations et aux compliments qui lui pleuvaient de toutes parts.

XI

Où l'on approche du dénouement de cette intéressante
et curieuse histoire.

Joseph et moi nous ne tardâmes pas à quitter nous-mêmes les salons, après avoir affectueusement remercié le docteur, qui nous promit, jusqu'à nouvel ordre, un secret absolu.

Le lendemain, vers le milieu de la journée, mon oncle nous fit dire qu'une indisposition subite l'empêchait de se rendre auprès de nous. Cela nous sembla tout naturel, après les émotions qu'il avait ressenties à la soirée de Barras. Mais, une semaine s'écoulant ensuite sans nous apporter l'honneur de sa présence, Joseph, irrité, se préparait à courir au Luxembourg.

Enfin le secrétaire arriva.

Sa figure était presque joyeuse, et je vis sur ses lèvres un ironique sourire.

Bien évidemment il avait trouvé moyen d'établir une contremine et de renverser tout ce que je devais aux efforts réunis de Joseph et du docteur.

— Monsieur, dit-il à l'intendant, veuillez m'expliquer d'abord comment il est venu à votre connaissance qu'une somme considérable m'ait été remise par mon infortuné frère?

— En voici la preuve, dit Joseph qui lui présenta le portefeuille.

Antoine de Sézanes parcourut froidement les notes que vous savez, et, lorsqu'il en fut à ce passage écrit de la main du martyr : « J'ai là des bons au porteur pour huit cent soixante mille livres sur les banques d'Amsterdam et de Hambourg, je les confie à mon frère, » il leva les yeux sur nous avec impudence et dit :

— Qu'est-ce que cela prouve?

— Cela prouve, dit Joseph indigné, que vous êtes un voleur!

— Pas précisément, répondit mon oncle avec un flegme imperturbable. Sans doute, il est positif que M. de Sézanes a eu l'intention de me confier ce dépôt; mais rien ne vous assure que mon frère n'ait pas changé d'avis. Les billets de banque ont pu devenir la proie de Robespierre ou autres.

— C'était dans les salons de Barras qu'il fallait tenir un pareil langage, Monsieur, lui dis-je avec mépris. Maintenant il est trop tard.

— En effet, ma nièce. Vous comprenez à merveille la situation délicate où je me trouve. Il n'est plus temps de nier. Convenez toutefois que j'aurais pu le faire, si je n'eusse complétement perdu la tête en présence des habiles manœuvres de votre conseil. Ma parole d'honneur, il était impossible de mieux forcer un homme à s'exécuter ! Du reste, je vous remercie du soin que vous avez bien voulu prendre de ma réputation, et je veux reconnaître cette obligeance, en avouant que la somme dont il s'agit est en mon pouvoir.

— Eh bien, dis-je, finissons, Monsieur ! Rendez-moi cette fortune qui m'appartient, car il faut que je parte pour l'Allemagne, afin d'aller délivrer le malheureux que vous avez trahi si lâchement, et qui est sans doute prisonnier de guerre.

— Vous parlez du marquis, votre cousin, ma nièce? J'ai sur lui des nouvelles toutes fraîches. Certain article de journal est venu me consoler du vôtre et m'offrir l'occasion de prendre une assez jolie revanche. Mais, avant de vous le communiquer, je tiens à prouver à monsieur l'intendant que je ne suis pas un voleur, et à vous que je ne suis pas un traître. Si les raisons que je vais avoir l'honneur de vous présenter ne vous paraissent pas satisfaisantes, libre à vous de conserver sur moi votre opinion première, dont je me soucie fort peu, je vous assure.

A ces mots, il s'étendit sur ma chaise longue, croisa les jambes, et poursuivit tout en jouant négligemment avec son jabot de dentelles :

— En ma triste qualité de cadet de famille, je me suis vu dépouiller, vous ne l'ignorez pas, au profit de mon frère. Or, l'homme qui cherche à récupérer ce qu'on lui a pris, en exécution de lois injustes, peut être un voleur aux yeux d'une société pervertie ; mais aux yeux de la saine morale, c'est autre chose. Dès qu'il n'est pas le plus fort, il lui est permis d'employer la ruse. Voilà pourquoi j'ai fait enfermer jadis M. de Sézanes à la Bastille.

— Misérable! criai-je, tu oses l'avouer devant moi!

— Je vous prie, ma nièce, de ne pas vous livrer à des exclamations aussi peu respectueuses. Oui, la captivité de M. de Sézanes a été mon ouvrage, et peu s'en fallut qu'en vendant alors le manoir héréditaire, je ne récupérasse une bonne partie de ce qui m'était dû.

— Mais, dit Joseph, si ce n'était pas là une trahison de premier ordre, qu'était-ce donc, Monsieur?

— C'était de la justice. Ma mauvaise étoile voulut que le peuple s'avisât de délivrer mon frère avant que mes mesures ne fussent entièrement prises, et je me vis, bien à contre-cœur, obligé d'attendre une autre circonstance plus favorable. Celle-ci se présenta d'elle-même sans que je la fisse naître, car l'emprisonnement n'était plus une plaisanterie, et conduisait droit à l'échafaud. J'ai profité du crime des terroristes, mais je n'y ai pas donné la main. Que me reprochez-vous encore? D'avoir retenu le dépôt de M. de Sézanes? c'était ma part d'héritage. De vous avoir fait un secret de l'emprisonnement de mon frère? c'était de la pitié. D'avoir éloigné votre futur, Marguerite? c'était de l'adresse. Vous ne devez pas vous en prendre à moi si l'imprudent a déserté l'armée républicaine, et s'il a reçu la punition que méritait cet acte d'inconcevable folie.

Je me levai frémissante, en poussant un cri douloureux.

— Tu mens, lâche! cria Joseph, s'élançant, pâle et tremblant de colère, sur mon oncle.

— Monsieur l'intendant, je vous prie d'avoir la bonté de vous tenir en place, dit Antoine de Sézanes, qui démasqua subitement un pistolet de poche tout armé, dont il tourna le double canon vers le vieillard. Avant de venir, je me suis souvenu qu'une fois déjà vous aviez eu dessein d'employer contre moi les voies de fait, et j'ai pris mes précautions. Au moindre geste, à la moindre menace, je presse la détente, et je vous envoie quatre balles dans la tête. Est-ce compris ?

Joseph, atterré d'une si grande audace, retomba sur son siége.

Quant à moi, joignant les mains, et poursuivie par une seule pensée, je dis au secrétaire de Barras :

— Parlez, Monsieur, parlez! Mes malheurs, jusqu'à ce jour, ont été votre ouvrage, ne craignez pas de m'annoncer le plus grand et le plus terrible, la mort de mon fiancé.

— Avant tout, ma nièce, il est bien essentiel que vous ne doutiez pas de mes révélations, car il serait impossible de nous entendre.

Sans lâcher son pistolet, il fouilla de l'autre main dans sa poche et prit deux lettres qu'il me présenta.

Je reconnus l'écriture du marquis, et je déployai ces lettres avec l'empressement que donne un retour subit d'espérance. Tandis que j'en parcourais avec avidité le contenu,

Antoine de Sézanes fit un pas vers Joseph.

— Vraiment, je suis désolé, dit-il, d'employer avec vous un argument aussi péremptoire que celui d'une arme à feu. Vous défendez les droits de Marguerite, je défends les miens. J'accepte une discussion, mais je ne veux pas de lutte. Donnez-moi votre parole d'honneur que vous n'aurez pas recours à la violence, et je désarme mon pistolet.

— Monsieur, répondit le vieillard, je ne vous promets rien, je n'entre avec vous dans aucune espèce d'arrangement. Libre à moi de me faire tuer, si bon me semble.

— Alors, dit le secrétaire, je reste sur la défensive. Pas d'esclandre, vous êtes prévenu.

S'apercevant que j'avais achevé ma lecture et que j'attachais sur lui des regards pleins d'indignation, il reprit :

— Comme vous avez pu le voir, ma nièce,

la dernière de ces lettres a cinq mois de date.

— Vous les avez interceptées, Monsieur, c'est un acte honteux !

— Eh ! Mademoiselle, je ne vous avais pas séparée du marquis pour vous laisser entretenir ensemble une correspondance qui vous eût donné les moyens de vous réunir ! J'étais chargé chez Barras du cabinet des dépêches, et si je vous montre aujourd'hui celles que j'ai cru convenable de décacheter avant vous, c'est afin de vous prouver que je ne mens pas, en affirmant que Paul de Frenelle a déserté son drapeau. Pendant tout l'hiver, ainsi qu'il vous l'annonce, il a trouvé refuge dans une ville d'Allemagne. La seconde lettre vous dit qu'il espère gagner bientôt la frontière de France. Or, si je ne me trompe, nous sommes au 18 avril. Votre fiancé, ma nièce, est arrivé le 5 à Lyon.

Je compris que cet homme éprouvait une

atroce jouissance à me déchirer l'âme avec ses lenteurs calculées.

— Monstre! lui dis-je, incapable de maîtriser plus longtemps ma douleur, avoue que tu l'as fait arrêter, condamner peut-être!

Joseph se leva et me dit d'une voix qu'il s'efforçait de rendre calme :

— Du courage, mon enfant! Laissez-le poursuivre. Nous devons l'entendre jusqu'au bout.

— Parfaitement raisonné! dit l'ex-procureur. J'ajouterai, ma nièce, une observation que j'ai déjà eu l'avantage de vous adresser depuis le commencement de cet entretien : c'est que vous employez à mon égard certaines expressions qui ne sont pas de bonne compagnie et sentent le mélodrame d'une lieue. Il serait convenable de vous corriger de cette habitude. Parlons de votre article du *Moniteur*.

— Mon Dieu! mon Dieu! m'écriai-je, il y a de quoi mourir!

L'intendant jetait sur Antoine de Sézanes des

regards où brillait un feu sombre. Mais le secrétaire de Barras ne semblait pas s'en apercevoir. Il poursuivit, en s'adressant à Joseph.

— Cette petite s'entend fort mal à causer d'affaires. Heureusement elle possède en vous un homme extrêmement adroit. Peste! je me rappelle encore la piteuse figure que j'avais, la semaine dernière, au Luxembourg. Ah! ma foi, monsieur l'intendant, pour la ruse et la finesse, à vous la palme! C'était un véritable coup de maître. Savez-vous que les préjugés sociaux et le soin de mon honneur allaient me forcer à restituer le tout, si les circonstances ne m'étaient venues en aide? Supposez un instant que le jeune marquis de Frenelle soit de retour à Paris, et que l'hymen projeté s'accomplisse : voilà Marguerite émancipée de fait par le mariage, et je rends mes comptes à un denier près. Fort bien! Supposez au contraire que ledit mariage soit dorénavant impossible : je reste le tuteur naturel de ma nièce, et, non-seulement je ne rends pas de comptes, mais d'ici à ce qu'elle soit majeure, j'ai tout le temps de dissiper la fortune en litige, ou de me réfugier à l'étranger avec les huit cent soixante mille livres. Donc, il est de votre intérêt d'accepter ce qu'il me plaira de vous offrir. Est-ce clair?

— Parfaitement clair, dit Joseph, qui se croisa les bras sur la poitrine.

— Sachez que vous ne serez cru d'âme qui vive, en essayant de détruire la réputation de probité que vous m'avez faite. Elle est solidement établie, grâce à l'idée merveilleuse qui vous a germé dans le cerveau. Rétracter vos louanges et vos phrases aimables devient désormais impossible. Je déclare à tous ceux qui veulent m'entendre que je suis réellement le dépositaire de la fortune de ma nièce, et que mon plus grand désir est de la lui rendre, en mariant Marguerite à celui qu'elle aime.

— Oh ! dites-moi que Paul n'est pas mort ! dites-moi cela, mon oncle, et je vous laisse ma fortune, et je vous pardonne tout ce que vous me faites souffrir !

Antoine de Sézanes ne daigna pas m'honorer d'une réponse. Il continua de s'adresser à Joseph.

— Vous soutiendrez vainement que telles ne sont pas mes intentions, reprit-il : vos clameurs et vos plaintes ne seront point entendues. Ami des hommes du pouvoir, protégé par eux, il me sera facile de déjouer vos tentatives et de vous faire passer pour un intrigant de bas étage, pour un suborneur. Je serai cru de tout le monde, vous ne serez cru de personne.

— C'est vrai, répondit Joseph, qui par un effort prodigieux sur lui-même, était parvenu à se donner l'apparence du plus grand calme.

— A la bonne heure ! J'étais sûr, monsieur l'intendant, de me faire comprendre de vous, car je vous tiens pour un homme de sens. Deux ou trois mille livres de rente suffiront à Marguerite de Sézanes pour vivre honorablement dans quelque province lointaine. N'est-ce pas votre avis ?

— Vous pourriez avoir raison, dit Joseph.

Malgré son génie pour la ruse, l'ex-procureur commençait à s'enferrer.

Les réponses de l'intendant lui parurent naturelles. Il s'imagina qu'il avait réussi à le convaincre. Alors il se tourna vers moi, et me dit avec une hypocrite bonté :

— Ça, ma chère enfant, vous le voyez, on songe à votre avenir. Je n'ai pas un cœur de roche, après tout. Que ne puis-je vous épargner une inconsolable douleur et changer l'arrêt accompli du destin ! Vous l'avez deviné, je vous apporte une triste nouvelle. Il faut me promettre de surmonter le désespoir qu'elle vous causera. Calmez-vous Marguerite, ne me regardez pas ainsi ! Puisque vous avez conservé vos principes religieux, voici le moment de les appeler à votre aide. M. de Frenelle n'est plus.

Je m'appuyai contre un meuble pour ne pas tomber à la renverse, et j'eus le courage de dire à mon oncle :

— D'où savez-vous cela? Je ne vous crois pas, je ne veux pas vous croire?

Il tira de sa poche un numéro de journal et le déploya.

— Le lendemain de la fête de Barras, dit-il, le *Moniteur*, qui vous avait si bien secondés d'abord, insérait les lignes suivantes, extraites du *Courrier du Rhône* :

« Lyon, 27 ventôse.

» Pendant une revue, qui eut lieu sur la place Bellecour, lors du passage du général Bonaparte dans notre ville, un déserteur nommé Paul Brabançon, fut reconnu par un régiment tout entier de l'armée du Rhin. Traduit à l'instant même devant un conseil de guerre, il fut jugé, condamné et fusillé dans les vingt-quatre heures. »

— Or, ma pauvre enfant, reprit Antoine de Sézanes, il n'y a que vous, monsieur l'intendant et moi qui sachions au juste le véritable nom de ce malheureux. Je n'ai dit à personne, et je ne dirai jamais que le déserteur était le marquis de Frenelle. Mais la chose, hélas ! n'est que trop sûre. Vous auriez pu vous figurer que j'avais eu recours à quelque moyen de publicité menteur, analogue au vôtre, et je n'ai pas voulu vous annoncer cette nouvelle, avant d'avoir en ma possession toutes les pièces propres à vous convaincre. Veuillez donc aussi jeter un coup d'œil sur cet extrait mortuaire, que j'ai fait venir de Lyon.

Il me glissa l'acte dans la main.

Un nuage voilait mes yeux. Je ne pus lire

ce papier, qui constatait un épouvantable et dernier malheur.

Antoine de Sézanes, me voyant chanceler, se leva pour me soutenir.

Mais, au même instant, Joseph dont l'apparente tranquillité n'était qu'une feinte, au moyen de laquelle il espérait détourner l'attention de mon oncle, se précipita sur lui et le renversa sur le parquet.

Puis, s'emparant de l'arme qui, dans le choc de cette brusque attaque, s'était échappée des mains de notre ennemi :

— Traître! cria-t-il, à nous deux maintenant !

Cette action de Joseph, le bruit de la lutte, le cri de rage que poussa mon oncle, tout cela me rendit au sentiment que je commençais à perdre et m'empêcha de m'évanouir.

Je vis le vieux serviteur qui, malgré son âge, était doué d'une force musculaire à briser trois individus comme Antoine de Sézanes, saisir celui-ci, le traîner vers un bureau placé dans un coin de la pièce, l'asseoir de force sur une chaise, et l'y retenir d'un bras vigoureux, tandis que, de l'autre main, il lui appuyait le pistolet sur le front.

— Tu vas écrire sous ma dictée! cria-t-il d'une voix foudroyante, ou les quatre balles que tu menaçais de m'envoyer dans le crâne feront jaillir ta cervelle contre ces murailles!

— Au secours! à l'assassin! criait mon oncle.

— Malheur à toi si tes cris attirent une seule personne du voisinage! dit le vieillard. Sa présence deviendra le signal de ta mort. Puisque les lois sont impuissantes à châtier un infâme de ton espèce, il faut bien que je venge mademoiselle de Sézanes des tortures que tu lui as fait subir!

Je me tenais à distance, immobile et glacée d'horreur.

Tout coupable que cet homme était envers

moi, je ne pouvais oublier les liens de famille qui m'attachaient à lui.

— Grâce! m'écriai-je, en étendant les bras vers Joseph. Ne le tue pas, je lui pardonne!

— Et moi, cria l'intendant, je ne lui pardonne pas ses ténébreuses machinations! Je ne lui pardonne pas l'emprisonnement de mon noble maître, notre fuite, la vente du château de Sézanes, notre séjour à Paris, nos dangers sans nombre, nos désespoirs, nos malheurs! Je ne lui pardonne pas la trahison, le vol, l'hypocrisie! Je ne lui pardonne pas la mort de M. de Frenelle, c'est lui qui l'a tué!

— Que faut-il écrire? demanda le secrétaire éperdu.

— Prends une plume, et commence par ces mots : « J'ai voulu m'enrichir en employant des moyens infâmes... »

— Après? murmura mon oncle.

« — J'ai séparé par la plus odieuse des perfidies deux pauvres jeunes gens qui s'aimaient: Je suis la cause de la mort du marquis de Frenelle ; je suis un lâche et un escroc... »

— Je n'écrirai jamais cela, dit Antoine de Sézanes, jetant la plume.

— Eh bien, soit, dit Joseph, tu l'auras voulu !

Je me cachai le visage, en poussant un cri terrible.

L'intendant me regarda. Celle de ses mains qui tenait l'arme vengeresse retomba le long de son corps. Deux larmes de regret, deux larmes brûlantes, jaillirent de sa paupière.

— Oui, vous avez peut-être raison, Mademoiselle, murmura-t-il, c'est votre oncle... Un misérable !... N'importe, je ne descendrai pas au rôle de l'assassin. Le meurtre souille et déshonore. C'est à Dieu que je confie le soin de punir cet homme, puisque le nom de Sézanes le protége devant vous, — et Dieu m'entend, je l'espère !

Il envoya son pistolet rouler à l'autre extrémité de la chambre. Puis, indiquant la porte à l'ami de Barras :

— Va-t-en ! lui dit-il. Garde avec tes remords une fortune volée. Nous aimons mieux la misère avec l'honneur.

Antoine se leva, dans un trouble inouï.

Son œil était morne et sans intelligence. A sa démarche, on eût juré qu'il était ivre. Toutes les transes de la lâcheté se reflétaient sur son visage. Il se dirigea vers la porte. Mais, à peine l'eût-il ouverte, qu'il fit en arrière un bond d'épouvante.

Juste au moment où il allait sortir, un homme se présentait sur le seuil.

Les bras de mon oncle s'agitèrent convulsivement : on eût dit qu'il essayait de repousser un fantôme. Des cris étouffés s'échappaient de sa gorge haletante, et, ses genoux se dérobant sous lui, nous le vîmes tomber à la renverse au milieu de la chambre, comme s'il eût été frappé d'un coup de tonnerre.

Celui qui entrait, — celui dont vous n'attendiez plus le retour, mon ami, — c'était Paul, c'était mon fiancé.

XII.

*Qui ne plaira ni aux démagogues de notre époque,
ni aux écrivains qui fraternisent avec eux.*

Maintenant, mon jeune ami, dit la duchesse, il me reste à vous expliquer le retour providentiel de Paul et à vous remercier de l'attention flatteuse que vous avez accordée à mon histoire. Un autre, à ma place, aurait ménagé les incidents et soigné les péripéties; mais, comme je vous l'ai fait comprendre d'abord, à quoi bon donner des allures romanesques à un récit véritable?

Vous voyez que la Providence ne laisse pas toujours, ici bas, triompher le crime au détriment de la vertu. Plus la justice du ciel est tardive, plus elle est éclatante.

C'est ma première conclusion morale.

Nous aurons tout à l'heure à en tirer une autre, si vous voulez bien le permettre.

Mon oncle ne devait pas se relever de sa chute. A la vue du marquis, dont il avait en poche l'extrait mortuaire, et qu'il croyait bel et bien fusillé, le saisissement, l'effroi, la rage, le désespoir lui montèrent au cerveau, comme un tourbillon mortel. Paul vivant, mon mariage avait lieu, la restitution devenait inévitable.

Antoine de Sézanes ne survécut pas au renversement complet de ses criminelles espérances.

Joseph déposa sur un lit le corps inanimé

du secrétaire de Barras, et vint nous rejoindre dans une pièce voisine, où mon cousin m'avait entraînée, loin de ce lugubre spectacle.

Il nous était impossible de pleurer un trépas qui terminait toutes nos infortunes. Nous eûmes soin de ne pas flétrir la mémoire de celui que Dieu venait de frapper. Le lendemain, toutes les feuilles publiques annonçaient : « que le secrétaire de Barras, ayant retrouvé contre toute espérance le fiancé de sa nièce, avait été victime de sa joie, et qu'une attaque d'apoplexie foudroyante l'avait enlevé à ceux dont il venait d'assurer le bonheur. »

Après les premiers instants donnés à l'effusion de la tendresse, le marquis nous expliqua son arrivée miraculeuse.

Vous voudrez bien vous rappeler que nous avons laissé l'ami de Frédéric Staps sur la place Bellecour, en face du terrible grognard qui l'accusait de désertion. Paul n'essaya pas de repousser les témoignages accablants de ses anciens frères d'armes, qu'une destinée maudite semblait avoir conduits sur sa route.

On le jeta au cachot.

A peine y était-il depuis une heure, que le geôlier vint le prendre pour le mener en face du général Bonaparte.

— Monsieur, lui dit ce dernier, votre conduite offre des contradictions étranges, et je viens de recueillir sur cette affaire des renseignements incroyables. Comment! vous vous battez avec courage, vous enlevez presque à vous seul une redoute ennemie; chacun vous admire, on vous met à l'ordre du jour pour ce beau fait d'armes, — et vous choisissez ce moment pour vous couvrir de honte, en désertant avec armes et bagages? Il y a là-dessous une énigme, dont je vous prie de me donner l'explication : je n'admets pas que le même homme soit tout à la fois héroïque et lâche.

La voix du général de vingt-six ans était brève et solennelle.

Sous la sévérité qui couvrait ce pâle visage, le marquis pouvait lire un sentiment de compassion généreuse et le désir positif de le sauver.

Paul répondit avec la plus entière franchise aux questions de Bonaparte.

Il lui avoua son véritable nom, le motif de son départ avec une troupe de volontaires, son désappointement, sa répugnance de servir sous les drapeaux de la République, et enfin sa fuite après la bataille de Néresheim.

— Bien! dit le général. Vous ne cherchez pas de détours, — j'aime cela, — et votre aveu sincère vous gagne ma protection. Mais il faut un exemple, Monsieur! Le conseil de guerre n'appréciera pas vos moyens de défense. Tout déserteur, vous le savez, doit être passé par les armes. Vous allez retourner au cachot. Les juges s'assemblent. Quand vous paraîtrez devant eux, ne leur dévoilez rien de ce que vous venez de me dire. Ecoutez de sang-froid votre arrêt, puis laissez marcher les choses. Aux yeux du régiment dont vous faisiez partie, Paul Brabançon doit être châtié : je me charge de sauver le marquis de Frenelle. Mais rappelez-vous que vous êtes dorénavant à moi corps et âme.

— Oh! je vous le jure! s'écria Paul, qui, dans le transport de sa reconnaissance, voulut se précipiter aux genoux de Bonaparte.

Le général lui indiqua la porte, de l'autre côté de laquelle attendait le geôlier.

— Vous me remercierez plus tard, dit-il, quand j'aurai tenu ma promesse. Comptez sur moi!

Paul fut condamné, le soir même, par le conseil de guerre, et, le lendemain, au point du jour, on vint le prendre pour le conduire sur la promenade des Terreaux.

C'était là qu'il devait être fusillé, et la crainte commençait à le saisir, en dépit des assurances formelles qu'il avait reçues de Bonaparte. On lui enleva son habit, on lui attacha les mains derrière le dos et on lui banda les yeux.

Il put entendre, à trente pas de distance, résonner les armes du détachement, qui allait exécuter l'arrêt du conseil.

En ce moment critique, l'officier choisi pour commander le feu s'approcha de Paul, sous prétexte de savoir de lui s'il n'avait pas à réclamer l'accomplissement de quelque volonté dernière, et murmura ces mots, qui rendirent l'espérance au pauvre condamné :

— Les cartouches n'ont point de balles. Aussitôt après la détonation, laissez-vous choir la face en avant. Faites le mort, et n'ouvrez les yeux qu'à l'hôpital militaire, où vous recevrez votre feuille de route.

Cela dit, l'officier retourna vers ses soldats.

Bientôt un feu de peloton put apprendre au régiment tout entier de l'armée du Rhin que le déserteur avait subi sa peine.

Deux hommes, s'approchant alors du prétendu cadavre, le placèrent sur un brancard, le couvrirent d'un drap pour le dérober aux regards des curieux, et dix minutes ne s'étaient pas écoulées, que mon cousin se vit seul dans une salle déserte de l'hôpital militaire.

Il trouva d'autres vêtements à ses côtés, plus un passeport au nom de Paul de Frenelle.

En outre, il tira des poches de son nouveau costume une bourse contenant cinquante louis, avec un billet, sur lequel ces mots étaient laconiquement tracés :

« Prenez la poste, et soyez à Nice dans trois jours. »

Le marquis n'eut garde de désobéir à son libérateur. Il sortit de l'hôpital sans rencontrer d'obstacles, et courut bientôt à grandes guides vers le midi de la France.

Avant le terme désigné, il arrivait au quartier-général de l'armée d'Italie.

Déjà Bonaparte était à son poste.

— Monsieur de Frenelle, dit-il à Paul, vous êtes au nombre de mes aides-de-camp. Je me charge de vous apprendre qu'on peut toujours suivre avec honneur le drapeau de la France. Si des misérables ont imprimé une souillure au front de la patrie, nous l'effacerons par le baptême de la gloire.

— Général, répondit Paul, je suis prêt à vous suivre, si vous l'exigez, sur le champ de bataille. Mais il y a une pauvre jeune fille à Paris qui va mourir de désespoir à la fausse nouvelle de ma condamnation.

— Ecrivez-lui, dit Bonaparte.

— J'ai la certitude que mes lettres ne lui parviennent pas.

— Alors, je vous donne un mois pour faire le voyage de Paris. Voyez le caissier militaire, et faites-vous payer d'avance un trimestre de vos appointements.

Donc, le matin même de la visite tardive du secrétaire de Barras, mon cousin descendait de voiture à la porte de notre ancien logement du Marais. Il trouva chez le concierge la vieille gouvernante de l'abbé Maury, que, depuis la soirée du Luxembourg, j'envoyais seule exécuter notre course journalière.

Cela vous explique l'apparition soudaine de mon fiancé, au moment où Antoine de Sézanes allait sortir.

Encore une fois la Providence avait dirigé tous ces évènements.

Barras nous mit en possession de la somme déposée par mon malheureux père entre les mains du traître de la famille, et nous prîmes avec Joseph le chemin de l'Italie.

A Florence, un prêtre bénit notre union.

Je n'ignorais pas le serment qui liait mon époux à Bonaparte, et, malgré certaines répugnances instinctives, je ne devais ni murmurer ni me plaindre, en voyant Paul suivre la brillante carrière du héros.

Un jour, à Vienne, Napoléon, qui avait déjà

placé sur sa tête la couronne impériale, fit appeler le marquis et le mit en présence d'un étudiant, venu d'Erfurth, qu'on avait saisi, le poignard à la main, sur le passage de l'Empereur.

Paul frissonna de tous ses membres en reconnaissant Frédéric Staps.

— Vous m'aviez parlé, Marquis, dit Napoléon, du fanatisme de cette tête allemande, et je ne croyais vraiment pas qu'il pût se rencontrer, en dehors des maniaques ou des fous, un être capable de considérer l'assassinat comme un acte de vertu. Je viens d'interroger ce jeune homme, et je ne sais pourquoi, dans cette nature qui m'est si aveuglément hostile, quelque chose m'émeut et m'intéresse. Essayez, je vous prie, de le faire changer de résolution, — car je ne puis le laisser vivre, s'il doit profiter de ma clémence pour renouveler ses tentatives de meurtre.

Mon époux eut la douleur d'échouer devant la résolution inflexible de l'étudiant.

— Cher ami, lui dit Frédéric Staps, je ne vous donnerai jamais une parole que je ne tiendrais pas! Je remercie Dieu, qui me permet de vous revoir encore une fois en ce monde. Embrassons-nous, et laissez-moi remplir ma destinée.

Le jeune enthousiaste marcha sans pâlir au supplice, en criant, comme il l'avait prédit : « Vive la paix! vive l'Allemagne! »

Paul resta longtemps frappé de la triste fin de son hôte d'Erfurth.

En 1807, une blessure lui servit de prétexte pour en finir avec la carrière des armes, et nous allâmes nous enfermer dans notre vieux manoir dauphinois, racheté par nos soins, et que Napoléon, pour reconnaître les services du marquis, voulut ériger en duché.

Joseph reprit ses anciennes fonctions d'intendant.

Lorsque ce brave et digne homme vint à mourir, accablé de vieillesse, nous pleurâmes sur sa tombe comme nous eussions pleuré sur la tombe d'un père, et nous revînmes à Paris, dans cet hôtel, que la Restauration jugea convenable de nous rendre. Quarante années d'un bonheur pur et tranquille nous firent oublier nos infortunes. Il y a deux ans que j'ai perdu mon époux. J'attends l'heure qui doit nous réunir au ciel.

Voilà mon histoire dans toute sa simplicité, mon ami. Faites-en ce qu'il vous plaira.

— J'en ferai, Duchesse, un livre plein d'intérêt, dont vous aurez tout l'honneur.

— Et qui, grâce à Dieu, reprit-elle, ne sera pas infesté du levain démagogique, dont la plupart des romanciers modernes empoisonnent leurs volumes. Quand je dis démagogique, veuillez croire que je donne au mot toute sa portée. J'y accole nettement l'irréligion, la coquinerie de caractère et la licence de mœurs, comme autant de synonymes. Vous qui tenez une plume, consacrez-la toujours à démasquer ces misérables qui, à l'exemple de mon oncle, puisent leurs principes de morale, je ne dis plus dans la fréquentation de Voltaire, mais dans la lecture de ses œuvres.

— Voilà justement ce dont ils ne conviennent pas.

— Soyez sûr, me répondit madame de Frenelle, qu'ils mentent avec effronterie. De cette origine odieuse, de cette fange philosophique sont sortis, sortent et sortiront les Antoine de Sézanes, les Robespierre, les Marrat, les Saint-Just, les démagogues passés, présents et futurs, en un mot tous les chenapans du globe.

— Chenapans est le terme doux, madame la duchesse.

— Ecrivez scélérats, et n'en parlons plus !

FIN.

L'ANGE DU REPENTIR

L'ANGE DU REPENTIR

NOUVELLE

I

Nous sommes dans une mansarde étroite et sombre, dans un de ces logements d'hôtel garni, dont les murailles couvertes d'un papier livide, le plafond noir, les meubles vermoulus, la porte mal close attristent les yeux et jettent dans l'âme un indicible dégoût de l'existence. On entend le vent d'hiver courir en mugissant sur les toits. La neige, poussée par les rafales de la tempête, vient s'attacher aux vitres de la mansarde et rendre plus épaisse encore la couche de givre qui dessine du haut en bas de l'unique fenêtre mille arabesques glacées.

Ce misérable réduit se trouve au sixième étage d'une maison de la rue de l'Arbre-Sec.

Son locataire actuel est un jeune homme de vingt ans, d'une organisation frêle et maladive. Rarement on le voit sortir. Il travaille tout le jour et prend à peine, la nuit, quelques heures de repos. Il s'appelle Maurice Hermann, et ne semble pas trop malheureux de se voir dans ce pauvre asile, entre ces quatre murs froids et dépouillés. Où ne se plaît-on pas à vingt ans, quand l'Illusion, cette fée gracieuse, entourée de son cortége d'espérances, vous conduit par la main dans les régions fantastiques, où l'Idéal vous berce et vous enivre? Maurice est poëte, et qui ne l'est pas à son âge ? Pendant les heures splendides de la jeunesse nous entendons résonner au fond de nous-même des cordes harmonieuses. Notre âme se prend à chanter, comme chante l'oiseau des bois, comme chante le fleuve en caressant la verdure de ses rives, comme chante la brise lorsqu'elle balance la cime des grands ormes ou le calice des fleurs. Puis ces voix célestes, ces chants intimes cessent tout à coup de se faire entendre. La société nous enlace dans son réseau d'égoïsme ; elle nous rend sourds à tout ce qui ne ressemble pas au tintement de l'or, au cliquetis sordide des écus. Nous tombons dans l'ornière du positif, saisis par les griffes acérées de la matière, veufs de nos douces croyances, froids, sceptiques, railleurs, traitant de fous et de niais ceux qui ne sacrifient pas sur l'autel de Baal, et méprisant les âmes d'élite qui s'élèvent au-dessus des bruits du monde pour écouter les échos lointains du ciel.

Avant d'habiter la mansarde de la rue de l'Arbre-Sec, Maurice n'avait jamais quitté son père. M. Jacques Hermann, riche banquier de Francfort, amené à s'établir à Paris, avait vu, grâce à l'indigne trahison d'un homme comblé de ses bienfaits, s'écrouler entièrement l'édifice de sa fortune. Il s'était réfugié à Lenoncourt, modeste hameau des Vosges, situé à un quart de lieue de Châtel-sur-Moselle. Là se trouvait une modeste maison de plaisance, à laquelle attenait une ferme d'un rapport annuel de douze cents livres de rente. C'était l'unique débris de l'ancienne opulence de M. Hermann. Sa femme, qu'il avait choisie dans une des plus riches familles de la Chaussée-d'Antin, n'avait pu supporter cette ruine imprévue. Habituée à vivre dans une atmosphère de luxe et de splendeur, les privations pour elle devenaient de la gêne, et la médiocrité prenait les désolantes proportions de la misère. Elle mourut pendant les six premiers mois de la retraite de son mari en province.

Maurice enfant n'eut aucune des joies de son âge. De pénibles circonstances ayant étendu sur ses jeunes années un voile de tristesse et de deuil, la mélancolie devint la base de son caractère et lui fit aimer de bonne heure la solitude et le silence. L'ancien banquier voyait peu de monde. Trop pauvre pour payer la pension d'un collége et trop fier pour solliciter une bourse, il dirigea seul l'éducation de son fils. Toutes les matinées de Lenoncourt étaient invariablement consacrées à l'étude. De midi à huit heures du soir, pendant la belle saison, M. Hermann s'occupait de jardinage, et Maurice allait promener ses rêveries sous l'ombre des forêts voisines. Là, n'ayant d'autre ami, d'autre compagnon de sa solitude qu'un volume de Gœthe ou de Victor Hugo, le jeune homme passait de longues heures en tête à tête avec cette belle nymphe de la poésie qui se déguise sous tant de formes ravissantes, et dont la voix est toujours pure, mélodieuse et suave. Il écoutait le murmure du vent dans les arbres, les chansons de la fauvette au bord de son nid, les plaintes de la cascade qui tombe de rochers en rochers et court sous l'herbe; il regardait les nuages, et pour lui les nuages se transformaient en une infinité de radieux fantômes; il voyait des sylphes aux ailes d'or, des jeunes filles aux cheveux parfumés, à la robe de gaze, folâtrant au milieu de prairies aériennes; des fées assises sur des trônes de saphir, agitant pour lui leur baguette magique et créant des palais enchantés, des villes entières peuplées d'anges. Maurice donnait un corps à tous ces fantômes; il traduisait dans le langage des hommes tous ces chants, tous ces murmures, tous ces soupirs : en un mot, il avait composé un recueil assez volumineux de poésies fugitives.

Un soir d'automne, ayant poussé sa promenade plus loin que de coutume, il aperçut au milieu d'une clairière un fort joli pavillon, de construction toute récente, et qu'il n'avait jamais remarqué jusque-là dans cette forêt silencieuse. Presque au même instant, il vit déboucher du sentier le plus proche un homme d'une cinquantaine d'années, vêtu de noir et portant le ruban rouge à sa boutonnière. Ce personnage fut rejoint, quelques secondes après, par une jeune fille qui vint lui offrir une touffe de blanches paquerettes cueillies sur la berge du chemin. Tous les deux s'assirent à quelque distance du poëte, qui n'osait plus ni avancer ni reculer.

— Eh bien, mon père? demanda la jeune fille avec un regard d'interrogation craintive.

— Il ne m'a pas reconnu, ma chère enfant, répondit le second interlocuteur. Cela m'étonne peu. De longues années de remords opèrent une métamorphose cruelle sur le visage de celui qui les éprouve.

— Quand on a la ferme volonté de réparer une faute, le remords change de nom, mon père : il s'appelle repentir.

— Mais quand cette faute est irréparable?

— Une volonté ferme répare tout.

— Je crains qu'il ne repousse mes propositions et que sa fierté ne m'empêche de recouvrer la paix du cœur, le calme de la conscience. Et puis, te l'avouerai-je, mon enfant ? je n'aurai jamais le courage de me nommer devant lui.

— Alors il faut en revenir à notre premier projet pour lequel j'avais éprouvé quelque répugnance. Je l'accepte, et je me résigne à tout.

— Merci ! tu es un ange ! s'écria l'inconnu, qui pressa tendrement sa fille dans ses bras.

Il y eut un instant de silence. Caché derrière le tronc d'un chêne, Maurice craignait de froisser le gazon, d'agiter une branche. Impossible de s'éloigner sans faire remarquer sa présence, et bien certainement on le soupçonnera d'une indiscrétion volontaire. Le dialogue recommençait entre le personnage décoré et sa compagne.

— Tu crois, Ernestine, que ce jeune homme a du talent ?

— Je vous ai lu sa ballade intitulée *Rêves et fleurs* : n'est-ce pas un petit chef-d'œuvre ?

Un léger bruit partit du voisinage. La discoureuse tourna la tête vers l'endroit où Maurice venait d'agiter la feuillée par un tressaillement dont il ne fut pas le maître. Se penchant à l'oreille de son père, elle lui glissa quelques mots à voix basse, pendant que le jeune homme continuait de se blottir derrière son arbre protecteur. Il était fort pâle et retenait son souffle, car cette pièce de vers, dont on venait d'énoncer le titre, était de sa composition. Pour la première fois il entendait son éloge dans la bouche d'une femme.

— C'est vrai, répondit l'homme au ruban

rouge, ce début annonce une vocation véritable, et si je connaissais M. Maurice Hermann, je l'exhorterais chaleureusement à venir à Paris essayer ses ailes de poëte.

— J'ai mis en musique plusieurs passages de *Rêves et fleurs*. Voulez-vous les entendre, mon père ? dit la jeune fille.

Pour toute réponse l'inconnu se leva du tertre de gazon sur lequel il était assis. Ernestine passa gaiement son bras sous le sien.

Maurice cherchait à percer de son regard le voile de gaze qui lui cachait le visage de la promeneuse. Il se croyait le jouet d'un songe. Pourquoi cette jeune fille, pourquoi ce personnage dont l'extérieur annonce un rang élevé dans le monde, s'occupent-ils de lui, triste, solitaire, jusque-là méconnu de tous, oublié par tous ?

Il vit entrer le père et la fille dans le pavillon.

Bientôt les accords d'un piano se firent entendre. Un savant prélude jeta ses notes joyeuses au milieu du silence de la forêt. Des cadences plus graves, des trilles moins rapides succédèrent à ces gammes bruyantes, et l'instrument trouva ses plus gracieuses mélodies pour se marier à la douce voix qui chantait les vers de Maurice.

Lorsque les sons du piano s'éteignirent, lorsque la voix eut fini de chanter, le poëte, ému de bonheur et de surprise, eut envie de courir au pavillon et de tomber aux genoux de l'adorable musicienne. Mais il craignit d'être ridicule : on pouvait admirer ses vers et professer pour sa personne la plus complète indifférence.

Il revint sur ses pas, presque honteux de son enthousiasme, et se mit en devoir de regagner la maison paternelle.

II

Au sortir de la forêt, il se trouva tout à coup en face d'un jeune homme de son âge, qui s'écria, en lui donnant trois ou quatre accolades :

— Ce cher Maurice !... Embrassons-nous encore !... J'ai une fameuse nouvelle à t'apprendre. Depuis deux heures je te cherche, je m'égosille, je te demande à tous les échos d'alentour. Il paraît que tu continues ton existence de garde-champêtre ?

— Oui, mon cousin, répondit Maurice en souriant.

— Ton cousin !... Quoi ! ce mot ne t'écorche pas la bouche ? Tu ne m'appelles plus, monsieur Emile Aubry ?... C'est bien, tu te civilisés... Ah! tu n'as pas besoin de rougir comme une jeune fille : la chose n'est pas de rigueur.

En effet le poëte était devenu pourpre. Il se rappelait qu'il avait autrefois accueilli sans beaucoup d'empressement les amitiés de ce cousin. Pendant leurs jours d'enfance ils s'étaient peu vus, et néanmoins ces courtes relations avaient été plus que suffisantes pour montrer le manque de sympathie de leur caractère. Maurice était mélancolique et rêveur. Emile était expansif et bruyant. Lorsqu'ils passèrent à l'adolescence, le premier devint chaque jour plus grave, et l'éternelle gaieté de son jeune parent le fatiguait au delà de toute expression. Du reste, Emile employait un moyen infaillible de s'aliéner l'esprit du poëte, c'était de l'humilier dans son amour-propre et de critiquer ses vers.

Bref, il y avait entre eux gêne et défaut de confiance. Mais il existe chez les natures les plus opposées un point de réunion possible. Les extrêmes se touchent, dit-on : nos deux cousins vont être une nouvelle preuve de la vérité de cet axiome. Voyant le front de Maurice s'assombrir, Emile fit lui-même un retour vers le passé. Peut-être se trouva-t-il répréhensible, car sa naïve et riante physionomie devint tout à coup sérieuse. Il prit la main du poëte et la pressa dans la sienne.

— Mon ami, dit-il, j'ai eu de grands torts envers toi. Souvent tu as eu à souffrir de l'inconcevable légèreté de mes paroles.

— Oublions le passé, répondit Maurice avec candeur.

— Non, morbleu! je n'oublierai jamais que je me suis conduit vis-à-vis de toi comme un ostrogoth, comme un vandale, comme un véritable huron! Sans prendre la peine de lire tes poésies, je les ai tournées en ridicule, j'ai méconnu ton beau talent.

— Emile, en vérité, tu me rends confus, dit

Maurice, qui s'était cru d'abord victime d'une mystification.

Mais l'accent de franchise de son cousin, son émotion, les grosses larmes qui roulaient sous sa paupière, tout lui prouva qu'une pareille crainte était mal fondée.

— Par tous les diables! reprit Emile, c'est moi qui dois être confus... moi, stupide oison, qui voulais arrêter le vol de l'aigle! Ecoute, Maurice : il y a six mois, lorsque je partis pour Epinal, afin de continuer au musée de cette ville mes travaux de peinture, j'avais déjà le pressentiment de ma sottise; car, en te faisant mes adieux, je pris dans ta chambre une pièce de vers intitulée...

— *Rêves et fleurs?* interrompit le poëte, pour qui cet aveu fut un trait de lumière.

— Précisément, répondit Emile. Je voulais enfin juger de ton mérite, et j'ai lu tes vers.

— Eh bien! demanda Maurice avec trouble.

— Admirables!... Là, vrai, d'honneur, sans

exagération, sans flagornerie, je les ai trouvés sublimes.

— Et... ne les as-tu communiqués à personne ?

— Ah! mon petit cousin, vous avez rôdé dans le voisinage du pavillon? dit Emile, qui leva le doigt à la hauteur du front de Maurice et le menaça doucement par ce geste amical et familier.

— Quoi! tu connaîtrais ce monsieur décoré? tu connaîtrais sa fille, cet ange...

— Fort bien, tu as vu l'adorable Ernestine ; tu as pu juger de ses traits gracieux, remarquer la divine expression de son sourire: tu connais sans doute la finesse de son esprit, la douceur de son caractère, en un mot les qualités sans nombre qui la distinguent.

— Non, mais...

— Alors pourquoi viens-tu me dire que c'est un ange?

— Oh! j'en suis sûr!

— Chut! ne t'enflamme pas si vite, mon cher, c'est dangereux. Voici maintenant la nouvelle que j'avais à t'apprendre : demain nous partons ensemble pour Paris.

— Est-ce possible?

— J'entre à l'école des Beaux-Arts. De ton côté tu travailleras à te faire un nom dans les lettres, et nous aurons un protecteur, un Mécène, qui nous aplanira les obstacles. J'ai vu M. Hermann, il veut bien que tu m'accompagnes, et même il te donnera cinquante écus pour suffire à tes premiers besoins. Ce n'est pas lourd; mais sois sans inquiétude, nous avons de magnifiques espérances. Seulement, il y a défense expresse de les communiquer à l'auteur de tes jours. Ne me demande pas le motif de cette défense, je refuserais de te le dire. D'ailleurs, M. Bompard n'ayant pas une confiance illimitée dans la carrière de ton choix, il faut lui laisser tout le plaisir de la surprise. Est-ce convenu?... Oui?... Eh bien! je te jure que l'incrédulité paternelle s'enfuira devant la trompette de nos succès. Fais ta malle, mon cher. A demain!

Les deux jeunes gens touchaient au seuil de la demeure de M. Hermann.

Emile prit le chemin de Châtel, et le poëte entra tout rayonnant dans la chambre de son père. Mais il s'arrêta, frappé de l'air de solennelle tristesse qui se peignait sur la figure du vieillard. Pour la première fois l'ancien banquier lui raconta par quelle manœuvre infâme il avait été dépouillé de sa fortune. L'homme qui s'est enrichi de sa ruine est aujourd'hui considéré, puissant; on l'a vu briller dans les plus hautes sphères. Il a été ministre, et le roi vient de le nommer Pair de France.

— Jusqu'à ce jour, continua le vieillard, je n'ai pas voulu jeter le trouble dans ton âme et te donner des regrets inutiles. Mais tu vas à Paris, le hasard pourrait te jeter sur les pas de cet homme : il fallait que tu apprisses comment il a traité ton père.

III

Le lendemain de cette confidence, le jeune homme partit, le cœur brisé, se reprochant de laisser M. Hermann seul avec l'amertume de ses souvenirs. Mais Emile parla de gloire et de fortune, et l'esprit du poëte abandonna bientôt une réalité douloureuse pour se lancer dans le pays des chimères. Il demanda le nom du protecteur, dont Emile continuait de l'entretenir. Celui-ci refusa positivement, comme la veille, de donner le mot de l'énigme. Une fois arrivé à Paris, le jeune artiste s'empressa d'installer son compagnon de route dans la mansarde que nous avons dépeinte au commencement de cette histoire. Emile alla se loger ensuite de l'autre côté de la Seine, dans le voisinage du palais des Beaux-Arts. Il faisait au poëte de rares visites, sous prétexte de ne pas le déranger de ses travaux littéraires, et, chose étrange, il ne parlait plus de ce protecteur, dont la main puissante devait les conduire sur le chemin de la gloire, en leur épargnant les obstacles que l'artiste rencontre toujours au début de sa carrière.

Un voyage de cent lieues en diligence, quelques frais indispensables d'installation, et surtout un loyer de deux mois dans un hôtel, ont depuis longtemps épuisé les cinquante écus de Maurice. L'hiver est venu et le froid se fait sentir dans toute sa rigueur. Cependant le jeune homme ne perd pas courage. Quelques jours encore, et il aura terminé un volume de poésies, qu'il espère vendre à un éditeur. Mais d'ici là comment avoir du bois et du pain ?

Le pauvre garçon se dirige vers un meuble problématique, que la maîtresse d'hôtel ose appeler du nom fastueux de commode; il ouvre l'un des tiroirs, prend son dernier vêtement passable, l'habit qu'il a toujours conservé précieusement, dans le cas où il eût fallu se présenter chez ce protecteur mystérieux, dont l'existence lui paraît, dès à présent, un peu douteuse, grâce à l'incompréhensible discrétion de son cousin. Il fait nuit, la neige tombe, les rues sont désertes et l'escalier de l'hôtel est sombre : personne ne le verra porter son habit à gage.

Au moment où Maurice se disposait à sortir, il vit tout à coup paraître Emile vêtu d'un costume de bal, les mains parfaitement gantées, la figure heureuse et souriante.

— Fais ta toilette la plus splendide ! cria le jeune peintre : nous allons en soirée chez le comte d'Alfort. Voici ta lettre d'invitation.

Maurice eut un violent soubresaut.

— Tu as dit le comte d'Alfort ! cria-t-il d'une voix terrible.

— Ah çà, quelle mouche te pique ? Tu

roules des yeux comme un traître de mélodrame. Si tu as l'intention de débuter à l'Ambigu, mon cher, il faut le dire.

— Le comte d'Alfort! répéta Maurice, voilà le protecteur que tu m'as trouvé?

— Certainement.

— Eh bien! va dire à cet homme que je le méprise et que je le maudis!

Le poëte accablé tomba sur l'unique chaise de sa mansarde. Son visage ruisselait de sueur, ses yeux étaient fixes, et ses lèvres pâlies s'agitaient par un tremblement nerveux. Bientôt néanmoins il parut plus calme et prit affectueusement la main du jeune peintre.

— Ami, lui dit-il, ne me cache rien : est-ce M. d'Alfort que j'ai vu dans la forêt de Lenoncourt?

— Oui, répondit Emile. Cette forêt n'est qu'une partie des immenses propriétés que le comte possède dans notre pays. Il a fait bâtir, pour y passer l'automne, ce pavillon près duquel tu l'as rencontré, la veille de notre départ, avec sa fille, la ravissante Ernestine... que tu appelais un ange, il m'en souvient parfaitement.

— Oh! tais-toi! tais-toi!

— M'expliqueras-tu par quel mystère le nom de M. d'Alfort te fait tomber en syncope?

— Ne m'interroge pas. Celui qui te protége a des droits à ton estime et à ta reconnaissance. Dieu me préserve d'effacer de ton cœur ces louables sentiments! Emile, mon cher Emile, ne viens plus t'attrister dans ma pauvre mansarde, laisse-moi seul avec mes ennuis et mes chagrins.

— Voilà de jolies idées! je t'en fais mon compliment sincère. Alors tu refuses de m'accompagner chez le comte? tu refuses les offres bienveillantes d'un protecteur que tu aurais là, près de toi, sous la main, car son hôtel touche à cette maison même.

— Je déménage aujourd'hui! cria le poëte avec épouvante.

— Ma foi, tu as raison : je te conseille même d'aller loger à Bicêtre !

Cela dit, Emile quitta la mansarde et ferma la porte avec un mouvement de colère. Resté seul, Maurice put enfin donner un libre cours aux larmes qu'il s'était efforcé de contenir en présence de son cousin. Le malheureux sanglota longtemps avec désespoir. Un seul mot avait brisé tous ses rêves ; car, il faut le dire, Maurice était amoureux de la jeune fille du pavillon. Sa plus douce espérance était de la rencontrer un jour dans le monde. Il n'avait pas vu le visage de la musicienne, mais il avait vu sa taille svelte et dégagée, son pied mignon, sa main blanche ; il savait qu'elle s'appelait Ernestine... Et puis, ne la reconnaîtrait-il pas aux battements de son cœur ?

Hélas ! hélas ! Ernestine est la fille de l'homme qui a ruiné son père !

Cette pure et sainte image, qu'il se plaisait à parer de mille charmes séduisants, il faudra désormais la flétrir et la chasser de son esprit. Et cette voix, dont il se rappelle les tons suaves, cette voix toute d'amour et d'harmonie, comme doit être, là-haut, celle des archanges, cessera-t-il de l'entendre le jour, la nuit, à chaque heure? Tenez... c'est une illusion de l'enfer, sa tête s'égare : voilà qu'il entend Ernestine chanter encore !

En effet, une voix de jeune fille, fraîche et limpide, lui arrivait distinctement et semblait partir d'une mansarde voisine de la sienne. Il s'approcha de la cloison, marchant sur la pointe du pied et retenant son souffle. C'étaient les mêmes accents qui avaient éveillé jadis les échos de la forêt, c'étaient les mêmes passages de *Rêves et fleurs*. Il posa la main sur sa poitrine, leva les yeux au ciel et s'écria :

— Mon Dieu ! je deviens fou... Prenez pitié de moi !

Ses jambes fléchirent, un nuage couvrit ses yeux, et sa tête alla frapper lourdement sur les carreaux de la mansarde.

IV

En revenant à lui, Maurice se vit entouré de plusieurs personnes de l'hôtel accourues à son secours, Une jeune ouvrière, installée depuis peu dans une chambre adjacente, avait entendu le cri du poëte, le bruit de sa chute et s'était empressée de donner l'alarme. Ce fut sur elle que tombèrent d'abord les regards de Maurice.

Elle était vêtue d'une simple robe de toile peinte, sur laquelle tranchait un tablier de couleur claire. Un petit bonnet de tulle, à rubans roses, lui dégageait le front et laissait voir ses cheveux en bandeaux. Son charmant visage était rouge encore de l'émotion qu'elle venait d'éprouver; deux larmes tremblaient au bord de sa paupière.

— Oh! Monsieur, dit-elle à Maurice, combien vous m'avez effrayée tout à l'heure! J'étais ici à côté dans ma chambre...

— Quoi! serait-ce vous que j'aurais entendue? murmura le jeune homme d'une voix frémissante. Non, c'est impossible!... Dites que ce n'était pas vous qui chantiez cette romance.

— Est-ce que vous ne la trouvez pas jolie? demanda la jeune fille avec une douce naïveté. Pourtant on la chante du matin au soir dans le magasin où je travaille.

— Sa voix, mon Dieu! je reconnais sa voix! dit Maurice éperdu et se cachant le visage de ses deux mains.

— Ce jeune homme a le délire, fit observer l'une des personnes présentes; il faut envoyer chercher le docteur.

Maurice s'efforça de reprendre du calme. Il affirma qu'il n'était point malade, que son évanouissement n'aurait aucune suite fâcheuse, et remercia tous ceux qui lui avaient apporté du secours. La jeune ouvrière sortit avec les autres et regagna sa chambre.

Collant de nouveau l'oreille à la cloison, le poëte écouta les pas de sa voisine qui allait et venait, remuant quelques meubles et se préparant sans doute à se coucher, car dix heures sonnaient à Saint-Germain-l'Auxerrois. La fièvre qui lui brûlait le sang donnait à Maurice une finesse d'ouïe inconcevable. Il distingua le bruit mat d'une personne qui se met à genoux, le murmure d'une prière; puis le rideau glissa sur la tringle de l'alcôve, et, cinq minutes après il entendit la paisible respiration de la jeune fille endormie. A-t-il donc été le jouet d'une illusion? son esprit malade s'est-il créé des fantômes? En effet, il faudrait avoir perdu tout jugement pour croire à tant d'invraisemblances réunies.

Mais un doute lui reste encore. Sans plus de

retard, il descend, se fait ouvrir la porte de l'hôtel et court au magasin de musique le plus proche. On allait fermer. Maurice demande si l'on n'a pas une romance ayant pour titre : *Rêves et fleurs*.

— Oui, Monsieur, répond le commis, déroulant quelques liasses.

Puis il ajoute presque aussitôt, en présentant une feuille au poëte :

— « Musique de mademoiselle Ernestine d'Alfort, paroles de M. Maurice Hermann... Prix deux francs. »

Le jeune homme rougit jusqu'au blanc des yeux et fit mine de fouiller à sa poche, uniquement pour la forme, attendu qu'il savait très-bien ne pas posséder un centime.

— Excusez-moi, dit-il ; mais je suis l'auteur des paroles, et je désirerais savoir...

— Puisque vous êtes l'auteur, dit en s'approchant le maître du magasin, vous n'ignorez pas que mademoiselle d'Alfort a publié votre romance à ses frais. Bien certainement, elle ne me blâmera pas si je vous en offre quelques exemplaires.

— Non! non!... je ne veux rien d'elle! cria Maurice s'élançant hors du magasin.

V

Il rentra chez lui délivré de toutes ses craintes. L'évènement de la soirée n'avait plus rien qui dût le surprendre. Une autre que la fille du comte ayant pu chanter cette romance, il devait nécessairement attribuer les folles hallucinations de tout-à-l'heure à l'égarement de son esprit et au trouble où l'avait jeté la révélation d'Emile. Le parti de Maurice est irrévocable. Il ne verra jamais le comte. Ce serait une lâcheté, qu'il ne se pardonnerait pas à lui-même, en supposant qu'elle ne fût point un crime aux yeux de M. Hermann. Si la fille du perfide ami de son père a longtemps occupé sa pensée, dorénavant il chassera de son esprit cette image séduisante, et, pour mieux y réussir... eh bien! il s'efforcera d'aimer une autre femme! Ne sent-il pas déjà battre son cœur en pensant que là, tout près de lui, repose une douce enfant, dont il croit voir encore le frais visage et le gracieux sourire? C'est une simple fille du peuple, pauvre comme lui. S'il pouvait en être aimé! quelle délicieuse existence serait la sienne, quel palais serait préférable à sa mansarde? Oh! maintenant, cette mansarde, il ne veut plus la quitter. Peu importe le voisinage du comte et de sa fille. D'un seul mot il peut les faire rougir et mettre un terme à leurs poursuites. Il s'endormit en faisant des rêves enchanteurs.

Mais le lendemain, à son réveil, il s'aperçut, aux cris de son estomac, qu'il n'avait pas dîné le jour précédent. Il quitta son lit pour aller ouvrir un placard, où il serrait d'ordinaire ses provisions. Le placard était vide. Au dehors la bise sifflait, glaciale et piquante, et pas le moindre fagot pour ressusciter l'âtre.

Sans doute, l'habit noir est là, tout empaqueté, prêt à être mis en gage; mais le jeune homme a décidé qu'il ferait, le matin même, une visite à sa voisine. Il doit la remercier de l'empressement qu'elle a mis, la veille, à lui amener du secours, et il ne peut se présenter chez la jeune ouvrière avec sa redingote de travail, quasi-percée au coude, et montrant la corde en plus d'un endroit. L'infortuné poëte regagna son lit, le découragement dans l'âme, les entrailles affamées et les membres grelottants. Il envisagea d'un coup d'œil toute l'horreur de sa situation. Sur qui peut-il compter en ce monde? M. Hermann est pauvre, et son fils ne doit pas le priver de ses médiocres ressources. Emile, d'autre part, abandonne son cousin, qu'il regarde comme un maniaque et comme un fou. La misère arrive, avec les haillons et la faim.

— Plus d'espoir, se dit Maurice, il faut mourir !

— Mourir, jeune homme, y songez-vous ? cria brusquement à son oreille une grosse voix bienveillante et bourrue. Corbleu ! vous changerez d'opinion. De pareilles idées sont malsaines, vous allez me faire le plaisir de les remplacer par d'autres.

En même temps les rideaux s'écartèrent. Le poëte se vit en face d'un énorme individu, aux joues rubicondes, et dont la physionomie respirait un air de bonté joyeuse, de cordiale franchise. Ce personnage entièrement inconnu de notre héros, avait ouvert sans bruit la porte de la mansarde, s'était approché du grabat de Maurice et venait de le prendre en flagrant délit de désespoir.

— Voyons, levez-vous, poursuivit-il. Je vous invite à déjeuner.

— Monsieur, balbutia Maurice d'une voix timide, je n'ai pas l'honneur d'être connu de vous, et je ne sais si je dois...

— Bon! nous ferons connaissance. Est-ce que l'appétit n'irait pas, ce matin?

— Pardonnez-moi, répondit le poëte en rougissant.

— Alors, habillez-vous.

— Pourtant je voudrais savoir...

— Mes nom, prénoms et qualité? C'est trop juste : Jules Wilfrid-Coquebert, éditeur, domicilié rue Jacob, bon vivant de sa nature et véritable ami des gens de lettres... Allez donc! Quand il n'y a pas de laquais à la porte, on est obligé de s'annoncer soi-même.

— Oh! Monsieur, dit Maurice, en se précipitant hors de son lit, sans réfléchir que le vêtement nécessaire lui manquait, j'ai entendu parler de vous avec éloge, et je me proposais d'aller, un de ces jours, vous rendre visite.

— Eh bien, morbleu! je vous ai prévenu.

Mais il n'y a pas, ce me semble, un nombre suffisant de degrés de chaleur pour que vous restiez dans une pareille toilette, n'est-ce pas votre avis?

Le jeune homme s'empressa de passer un pantalon et d'endosser l'habit noir. Puis il alla prendre sur sa table de travail un manuscrit qu'il présenta gravement à l'éditeur.

— Bon! dit celui-ci, vous tenez à parler d'affaires avant le déjeuner?... Soit. Que me présentez-vous là, des vers?... Ah! mon pauvre garçon, le siècle est à la prose! Je ne donnerais pas cinquante centimes de tout ce fatras de dithyrambes et de sonnets.

— Cependant, Monsieur, dit le jeune homme très-pâle...

— Je n'en veux pas, vous dis-je! Laissez vos poésies moisir en portefeuille, ou vendez-les à l'épicier du coin. Vous allez, au lieu de cela, me confectionner un roman en deux volumes. C'est trois mois de travail. Je vous achète cet ouvrage quinze cents francs, payables à la livraison du manuscrit. Mais comme, d'ici là, vous pouvez avoir besoin d'espèces, je vous prête vingt-cinq louis.

A ces mots, M. Coquebert mit un rouleau d'or entre les mains de Maurice, muet de surprise, et n'osant pas croire à ce bonheur inattendu.

— Çà, voyons, mon brave ami, continua l'éditeur, vous pâlissez, vous rougissez... Que diable! êtes-vous malade?

— Excellent homme, dit le poëte avec effusion, vous me sauvez la vie!

— Je ne vous sauve rien du tout; je fais une affaire, et voilà l'histoire. Or, comme je me dépossède de mes fonds, et que, dans le commerce, on n'en a jamais en suffisance, prenez ce timbre et souscrivez-moi une lettre de change à quatre-vingt-dix jours. Portez, je vous prie, cinq cent dix francs. Ce n'est pas moi qui dois payer l'escompte.

Quand Maurice eut fini d'écrire, M. Coquebert le prit gaiement sous le bras et le conduisit chez Véfour.

Deux heures après, le jeune homme, parfaitement restauré, sans qu'il lui en coûtât un centime, frappait à la porte de l'ouvrière. Il avait les joues empourprées d'une teinte assez vive, et nous n'oserions pas affirmer que son éditeur ne lui eût pas fait boire quelques verres de champagne au delà des bornes de la stricte tempérance. Du reste, après un bon repas, arrosé d'Aï, rien ne donne de l'aplomb comme un gousset garni de pièces d'or. Maurice fut avec la jeune fille d'une gaieté de bon goût et d'une amabilité charmante. Il apprit qu'elle se nommait Jeanne et qu'elle travaillait pour une marchande fleuriste de la rue Saint-Honoré. L'assiduité de Jeanne à l'ouvrage et sa bonne conduite lui avaient acquis la confiance de ses patrons, qui, depuis la veille, lui laissaient emporter des fournitures et lui permettaient de travailler dans sa chambre. Tous ces détails enchantèrent le poëte.

A partir de ce jour, les relations de voisinage devinrent de plus en plus amicales. Maurice était au comble du bonheur; il ne craignait plus la misère, le comte d'Alfort et sa fille étaient entièrement effacés de son souvenir. Emile lui-même, son joyeux cousin, continuant à lui garder rancune du refus de paraître à la soirée du pair de France, notre héros finit par ne plus songer à lui. Le premier amour est un sentiment égoïste qui s'empare tout à fait du cœur et y règne en maître. Cependant le mot d'amour n'a pas été prononcé entre Jeanne et le poëte. Mille fois le regard de Maurice a dit à la jeune ouvrière qu'elle est aimée, mille fois le sourire de Jeanne a laissé voir à son voisin qu'il est payé de retour.

Le printemps était revenu, les deux mansardes avaient pris un air de fête. Un matin, Maurice et Jeanne allèrent ensemble au quai aux Fleurs. Bientôt des festons entrelacés de chèvrefeuille et de vigne sauvage coururent d'une fenêtre à l'autre : ils unissaient les deux chambres par des liens de verdure; puis des rosiers, des myrtes, des seringas s'épanouirent au bord du toit, mariant leurs branches, mélangeant leurs parfums. Souvent la jolie tête de Jeanne se montrait au milieu de ce parterre aérien, comme une rose parmi ses sœurs. D'autres fois la gentille ouvrière entonnait la romance favorite, et le poëte radieux accourait l'entendre. Le soir, quand l'œil indiscret du voisinage se fermait avec les contrevents d'alentour, c'étaient de longues causeries au clair de la lune, au murmure apaisé de la grande ville, à cette heure où elle éteint ses becs de gaz et ne fait plus entendre qu'un léger bourdonnement, pareil à celui d'une mère assise auprès de son enfant qu'elle endort.

Malgré ces douces préoccupations, Maurice travaillait avec courage. Trois mois s'étaient écoulés depuis la visite de l'éditeur. M. Coquebert revint à jour fixe demander si les deux volumes étaient finis.

— Les voilà, dit Maurice, présentant un manuscrit monstre.

— Peste! mon jeune auteur, on s'aperçoit que vous êtes à vos débuts : vous me donnez trop bonne mesure, et cet excès de conscience mérite une gratification. Voici deux mille francs. Commencez sans plus de retard un autre livre, et n'oubliez pas que vous avez une lettre de change à payer demain.

M. Coquebert sortit.

Le jeune homme s'empressa de courir chez sa voisine, afin de lui montrer les deux billets de banque. Ne fallait-il pas qu'elle partageât sa joie? Mais il trouva l'ouvrière abattue, les yeux rouges. Elle était tristement assise dans un coin de la mansarde.

— Au nom du ciel, qu'avez-vous, Jeanne? dit Maurice effrayé.

— Mon ami, répondit la jeune fille, je viens d'assister à un triste spectacle. Les personnes pour qui je travaille ont essuyé des pertes nombreuses et n'ont pu faire honneur aux obligations de cette fin de mois. Demain on vend leurs meubles et leurs marchandises; on les chasse, on les met sur le pavé. Figurez-vous un homme au désespoir qui veut se jeter dans la Seine, une femme qui sanglotte à fendre l'âme et deux petits enfants qui pleurent au berceau. J'en suis encore émue et tremblante.

— Et vous voilà sans travail, Jeanne? dit Maurice.

— Oh! je ne songe pas à moi, répondit-elle. Que ne suis-je assez riche pour venir en aide à ces pauvres gens! Il me semble qu'il y aurait du bonheur pour le reste de mon existence dans cette pensée : j'ai sauvé toute une famille de la misère, toute une famille me doit l'espérance et la vie.

— Vous avez raison! s'écria vivement le

jeune homme. Combien faut-il à ces braves commerçants, Jeanne?

— Une somme trop forte, hélas! pour mes ressources et pour les vôtres... près de deux mille francs, je crois.

— Ils sont sauvés! dit Maurice avec transport. Venez, Jeanne, vous serez leur Providence. Je veux qu'ils vous bénissent comme un ange libérateur.

Et le poëte entraîna la jeune ouvrière. Il oubliait l'échéance du lendemain.

VI

En revenant du magasin de la rue Saint-Honoré, dans lequel ils avaient ramené l'espoir et la joie, Jeanne dit à Maurice :

— Mon ami, vous êtes un noble cœur! Votre plus chère récompense doit être dans les témoignages de gratitude que vous avez reçus. Si quelque chose peut ajouter encore à cette récompense, il me reste à vous dire, que votre action généreuse vous acquiert pour la vie mon affection et mon estime.

— Oh! merci, Jeanne!... c'est trop de félicité! Je voudrais mourir à vos genoux! s'écria Maurice, le visage baigné des plus douces larmes.

La nuit tombait. Il quitta l'ouvrière. Séparé de Jeanne, il avait encore le bonheur du souvenir. L'image de la jeune fille le suivit au milieu de son sommeil et les rêves agitèrent autour de lui leurs ailes brillantes. Mais quel réveil allait succéder à cette nuit délicieuse! Trois hommes à figure sinistre et porteurs d'énormes gourdins entrèrent avec le jour dans la mansarde.

— Que désirez-vous, Messieurs? demanda le poëte.

— Nous sommes des gardes du commerce,

répondirent-ils, et vous allez immédiatement nous payer cette lettre de change, s'il vous plaît.

— Je ne suis pas en mesure, balbutia le jeune homme.

— En ce cas, veuillez nous suivre, et sans résistance, ou sinon...

— Plus bas, je vous en conjure! dit Maurice tremblant que ces paroles ne fussent entendues de sa voisine.

Il ignorait que les prétendus recors faisaient de l'arbitraire, et qu'ils n'avaient pas le droit de saisir un homme, le jour même de l'échéance, avant de remplir les formalités de rigueur. Voulant épargner à Jeanne le chagrin de cette scène, il descendit avec ses inflexibles acolytes, pensant qu'une fois arrivé à la prison pour dettes, il pourrait écrire à la jeune fille et la supplier de ne pas le condamner sans l'entendre. Ce n'était pas le fiacre traditionnel qui stationnait en bas : c'était un coupé magnifique, avec un attelage à l'anglaise et des armoiries sculptées le long des panneaux. Un valet galonné sur toutes les coutures abaissa le marchepied et se retira respectueusement pour laisser monter Maurice. Le jeune homme hésitait à prendre place dans cette riche voiture.

— Que veut dire ceci? demanda-t-il aux recors.

— Parbleu! cela veut dire que votre créancier roule carrosse! Il a supposé que vos moyens ne vous permettaient ni d'acquitter la lettre de change, ni de solder une course de fiacre. Vite en voiture! car vous pourriez bien guetter l'occasion de jouer des jambes, et nous priver de nos honoraires.

Maurice monta dans le coupé. Les recors s'assirent en face de lui, et l'un d'eux glissa quelques mots à voix basse à l'oreille du laquais. Celui-ci les transmit au cocher, qui fouetta ses chevaux et partit ventre à terre. Au bout de quelques minutes, le jeune homme s'aperçut que la voiture suivait la grande avenue des Champs-Elysées et se dirigeait vers la barrière de l'Etoile.

— Où me conduisez-vous? s'écria-t-il. Ce n'est point là le chemin de Clichy.

— Seriez-vous tenté de vous en plaindre, jeune homme?

— Non, mais encore faut-il m'apprendre...

Les recors se mirent à siffler très-impoliment, et lui tournèrent le dos en se penchant aux portières. Toujours lancée au galop, la voiture roula près d'une demi-heure, traversa le bois de Boulogne et s'arrêta au milieu du village d'Auteuil, à la grille d'une superbe maison de plaisance, dans laquelle les recors introduisirent le poëte, après l'avoir fait descendre du coupé. Le premier visage que Maurice rencontra sous le vestibule de cette demeure aristocratique fut celui de M. Coquebert.

— Mon jeune ami, dit l'éditeur avec un ton

de reproche, je devine, à la société qui vous accompagne, que vous n'avez pas payé la lettre de change. Diable! diable! qu'est devenu notre argent?

— Oh! Monsieur, dit Maurice, tremblant comme un coupable, je vous jure que je n'en ai pas fait mauvais usage.

— Hum! rien ne me prouve le contraire. Après tout, ce n'est plus moi que cela regarde. J'ai passé la lettre de change au maître de cette propriété. Consentira-t-il à un arrangement? Vous fera-t-il coffrer?... je n'en sais rien. Toujours est-il que vous vous êtes placé dans de fort vilains draps... Diable! diable!

M. Coquebert se frappa le front à plusieurs reprises et quitta brusquement le jeune homme.

VII

Encore ému de cette rencontre, Maurice fut introduit par les gardes du commerce dans une espèce de salon d'attente, orné de peintures à fresque. Un artiste, en veste blanche, était en train d'achever la décoration de cette pièce. Perché tout en haut d'une échelle double, il fumait et tenait sa palette à la main. Les recors eurent soin d'avertir le poëte qu'ils allaient rester à la porte, et que, par le fait même, toute tentative d'évasion serait immédiatement réprimée. Au bruit de leurs voix, l'artiste se retourna.

— Emile!
— Maurice!

Ces deux exclamations partirent en même temps.

— Ma foi, oui, je ne rêve pas! continua le jeune peintre, descendant avec précipitation de son échelle. C'est bien lui, ce cher cousin... je me trompe, ce boudeur de cousin! Tu n'es pas honteux d'être resté pendant trois mois sans me rendre visite? Enfin, n'en parlons plus. Tu viens me dire que tu reconnais tes torts... Soit, je consens à les oublier... Donne-toi donc la peine de t'asseoir.

— Mon pauvre cousin, dit Maurice, je ne savais pas avoir le plaisir de te rencontrer ici.

— Bah?

— C'est une circonstance pénible qui m'y amène.

— Comment une circonstance pénible?... Tu radotes, mon cher. Tous les hôtes de céans nous arrivent joyeux et s'en retournent de même. On professe dans ce riant séjour une hospitalité digne de l'âge d'or, et les héros des festins d'Homère n'étaient que des paltoquets auprès de notre amphitryon. Sois tranquille, tu m'en diras des nouvelles quand tu auras sablé le vin de sa cave et goûté le gibier de son parc. A propos, tu as changé d'avis à son égard?

— A l'égard de qui?

— Du maître de ce château.

— Je ne l'ai jamais vu, et je te jure que je me serais fort bien passé de faire sa connaissance.

— En attendant, puisque tu ne viens pas pour moi, tu viens pour lui... C'est parfaitement clair : donc tu acceptes maintenant ses invitations?

— Les invitations de qui?

— Du comte, parbleu!

— Je serais ici chez le comte d'Alfort!

— Bien! voilà que tu vas déclamer de nouveau comme un acteur tragique. En vérité tu es d'une inconvenance...

— Malheur ! s'écria Maurice, qui se tordait les bras au milieu d'une crise effrayante de rage et de désespoir. Je suis le prisonnier de cet homme, il va me forcer à subir son odieuse présence... Non! mille fois non! Cette fatale lettre de change lui donne le droit de m'enfermer à Clichy... Qu'il m'y fasse conduire à l'instant même, je le veux !

— Non, vous êtes libre, dit une voix triste et solennelle, qui retentit tout à coup au fond de la pièce.

Emile se hâta de sortir, et le comte d'Alfort s'avança lentement vers Maurice attéré.

— Voici le titre qui me donnait prise de corps sur vous, poursuivit le père d'Ernestine : je le déchire et je l'anéantis. Maintenant vous pouvez quitter ma demeure, vous pouvez fuir, comme vous le disiez, mon odieuse présence... à moins pourtant, jeune homme, qu'il ne vous reste un peu de pitié dans l'âme et que vous n'exauciez ma prière... Ma prière, entendez-vous? Veuillez, je vous en conjure, m'accorder quelques minutes d'entretien et me pardonner la ruse dont je me suis servie pour vous attirer chez moi. Je n'avais pas d'autre ressource, car vous eussiez repoussé mes invitations, et je ne pouvais employer la violence.

Le comte parlait avec une émotion profonde. Maurice, à l'aspect de ce vieillard qui courbait le front devant lui, sentit tomber toute sa colère. C'était bien le même personnage qu'il avait rencontré sous les arbres de la forêt. Seulement, comme si le pair de France eût voulu rendre son humiliation plus grande encore, il se montrait, cette fois, aux yeux du fils de M. Hermann, avec les insignes de la haute position qu'il occupait dans le monde : le revers de son habit se trouvait chargé de plaques, de croix, de décorations étincelantes, et l'on voyait sur sa poitrine le grand cordon de la Légion d'honneur.

S'apercevant de l'effet produit par ses dernières paroles, M. d'Alfort pria le jeune homme de prendre place sur un divan et s'assit lui-même à quelque distance.

— Autrefois, commença-t-il, j'étais le plus intime ami de votre père...

— De grâce, Monsieur, dit Maurice, ne rappelez pas ces pénibles souvenirs.

— Il le faut pourtant! dit le comte d'une voix frémissante, il faut que vous entendiez de ma propre bouche l'aveu de ma lâche conduite. Votre père m'avait généreusement secouru à l'heure de la détresse; il m'avait fait obtenir, dans l'un de nos premiers ministères, une place à la fois honorable et lucrative; il m'accueillait chez lui comme si j'eusse été son frère. Or, tous ces bienfaits, je les ai reconnus par la plus noire ingratitude.

— Assez! n'achevez pas! dit Maurice, devinant les souffrances inouïes que cet homme devait ressentir en s'accusant ainsi lui-même.

— J'étais possédé, continua M. d'Alfort,

d'une soif ardente des richesses, et je contemplais d'un œil avide celles que votre père amassait avec honneur et probité. Jamais il n'avait abordé la Bourse; je mis en usage tout ce que la fièvre de l'or me suggérait de fourberie pour le décider à se risquer sur cette mer orageuse. Dès ce moment, je tenais ma proie. Après quelques opérations couronnées de succès, la fièvre le saisit à son tour. Un matin, je le vis prêt à exposer la majeure partie de sa fortune sur des rentes, alors courues, mais qui ne devaient pas tarder à tomber dans le plus complet discrédit. Je l'engageai traîtreusement à mettre ce projet à exécution.

— Taisez-vous! taisez-vous! s'écria le jeune homme, quittant le divan sur lequel il était assis : ne voyez-vous pas, Monsieur, que vous me faites un mal horrible?

La pitié que Maurice avait éprouvée d'abord commençait à s'éteindre, et la haine reprenait son empire. Il lui semblait voir se dresser devant lui l'image irritée de son père, et le souvenir de sa mère, morte de chagrin, vint s'offrir à son esprit. N'était-ce pas le comte qui avait causé tous les malheurs de sa famille ? Et voilà que cet homme vient porter la main sur une blessure qui saigne encore ! il attire auprès de lui le fils de la victime, il excite ses regrets, il étale effrontément sous ses yeux une opulence volée !

— Oui, cette histoire n'est que trop véritable, poursuivit Maurice, et je veux vous épargner la honte d'en achever le récit. Vous connaissiez une nouvelle importante, que le ministère tenait secrète ; vous eûtes recours à un agent de change déloyal, qui vous trouva un prête-nom, et vous vendîtes à M. Hermann, à votre bienfaiteur, des rentes, que vous n'aviez pas, — mais les marchés se font ainsi dans cet antre de voleurs qu'on appelle la Bourse ! — des rentes qu'une banqueroute allait réduire à néant... et, le lendemain, quand la nouvelle fut connue, mon père dut vous payer l'énorme différence; vous réalisâtes un bénéfice net de... deux millions!

— C'est vrai, murmura M. d'Alfort, qui sentit une sueur glaciale découler de ses tempes.

— Et vous avez eu des richesses, monsieur le comte; vous possédez un hôtel, des chevaux, un équipage; vous portez des croix, des crachats, des rubans...

— Tu oublies, jeune homme, que j'ai eu aussi des remords.

— Oh! dit Maurice, le ciel est juste.

— Tu ne sais pas, non tu ne sais pas combien de nuits j'ai passées sans sommeil! Faut-il t'apprendre que mes cheveux ont blanchi avant l'âge, que la vie m'était à charge et que j'allais mourir, si ma fille, un ange, n'eût trouvé moyen d'arracher de mes lèvres ce secret fatal. Elle appela la religion à son secours pour calmer mon désespoir et me montrer, là-haut, l'asile toujours ouvert au repentir. Bien longtemps j'ai cherché M. Hermann, afin de réparer mes torts et de solliciter mon pardon. Quand je parvins à le découvrir, quand j'appris qu'il avait un fils, je remerciai le ciel... car maintenant, jeune homme, je puis te dire : La voilà cette fortune que j'ai prise à ton père ! S'il te répugne de la recevoir de ma main, ce sera ma fille qui te l'offrira... sois aussi mon fils, et pardonne-moi !

Nous renonçons à peindre l'émotion qui s'empara de l'âme de Maurice, à ces paroles solennelles du vieillard. Il était impossible de mettre en doute la sincérité de M. d'Alfort. Ainsi, Ernestine, cette jeune fille qui jadis a rempli tous les rêves du poëte, cette douce musicienne, dont la voix a remué chacune des fibres de son cœur, Ernestine peut être à lui. Par cette union brillante, Maurice rendra à M. Hermann la fortune dont celui-ci fut si longtemps privé. Mon Dieu ! venez au secours du pauvre poëte, car sa tête brûle, son sang bouillonne à rompre le réseau de ses veines! Il voit passer devant ses yeux le fantôme éblouissant de la richesse; il n'a qu'un mot à dire, et la sphère du grand monde est ouverte pour lui. Du premier coup, le destin l'emporte au sommet de l'échelle sociale, et lui révèle tout un avenir de luxe et de splendeur. Il peut épouser la fille d'un pair de France!

Et pourtant... là-bas... dans sa pauvre mansarde est une autre jeune fille, qui l'attend, qui l'aime, qui croit en lui comme on croit en Dieu. Trahira-t-il ce pur et candide amour? Non! ce serait une lâcheté, ce serait un crime!

— Vous ne me répondez pas, mon ami, murmura M. d'Alfort avec inquiétude.

— Je refuse, dit Maurice.

— Qu'entends-je?

— Oui je refuse parce que je ne connais pas votre fille, et que j'en aime une autre. Adieu, monsieur le comte. Mais je ne dois pas vous quitter en vous laissant des paroles de haine : mon père apprendra cette noble conduite, il vous rendra son estime.

Le comte essaya vainement de retenir le jeune homme. Il le pria de consentir du moins à se laisser présenter à Ernestine, qui se trouvait dans un salon voisin.

A cette nouvelle, Maurice éperdu s'enfuit de la maison de campagne, et reprit seul, à pied, le chemin de Paris.

VIII

Vers le milieu de la route, il entendit le claquement d'un fouet, et vit passer au galop deux jockeys en courriers. Ils précédaient de cinquante pas seulement une calèche découverte, traînée par quatre chevaux bais-bruns, dont plusieurs postillons, en frac vert et en culotte de chamois, pressaient la course rapide. Maurice se rangea sur l'un des bas-côtés du chemin. Le comte et M. Coquebert occupaient le fond de la calèche, et, sur le devant, Emile, qui avait quitté sa veste blanche, causait avec une jeune fille, coiffée d'un élégant chapeau de paille de riz.

Ce chapeau, le poëte le reconnut, hélas! pour avoir frappé ses yeux dans les bois de Lenoncourt, et, cette fois encore le voile de gaze retombait sur la figure d'Ernestine. Mais lorsque la calèche passa près du poëte, la fille du comte rejeta son voile en arrière. Un cri perçant s'échappa de la poitrine de Maurice. Il voulut courir après le somptueux équipage. Déjà les chevaux l'avait emporté trop loin pour qu'il fût possible de l'atteindre, et le jeune homme le vit disparaître au milieu d'un nuage de poussière.

Toutes les idées du pauvre poëte se confondent dans son cerveau, sa raison ne tient plus qu'à un fil. Les circonstances fantastiques et bizarres, parmi lesquelles il se trouve jeté depuis le matin, deviennent simples et naturelles, en comparaison de ce dernier événement, qui bouleverse tout son être et le fait douter de lui-même et du témoignage de ses sens.

Après trois quarts d'heure d'une course haletante, il frappait à la porte de l'ouvrière.

Jeanne, calme et souriante, travaillait à ses fleurs artificielles. L'absence du jeune homme n'avait pas été assez longue pour donner des inquiétudes à la jeune fille.

D'où provient donc cette inconcevable hallucination qui s'est emparée de Maurice et lui a fait reconnaître les traits de Jeanne dans ceux d'Ernestine? Son erreur était évidente, puisqu'il vient de prendre des renseignements à l'hôtel et d'acquérir la certitude que sa voisine n'est pas sortie de la matinée. Maurice s'accusa de folie. Les yeux de la jeune fille s'arrêtaient sur les siens avec tendresse, et, dès ce moment, il ne vit plus qu'elle au monde. Peut-il regretter son sacrifice? Quel trésor vaut un pareil regard? quelle fortune est comparable à ce sourire? Il s'agenouilla devant l'ouvrière, prit sa main dans la sienne, et dit avec une voix qui tremblait de crainte et de bonheur :

— Jeanne, voulez-vous être ma femme?

— Oui, répondit-elle, mais il me faut le consentement de mon père, mon ami...

— De votre père? s'écria le jeune homme, je vous croyais orpheline.

Elle l'entraîna vers un coin de la chambre et lui fit signe de déplacer un meuble. Maurice obéit. Aussitôt elle posa le doigt sur un ressort que ce meuble dérobait aux regards. Une porte s'ouvrit; le poëte aperçut un escalier splendide, que le jour éclairait doucement au travers de vitraux coloriés, et dont chaque marche portait un vase de fleurs.

— Où sommes-nous? murmura-t-il au comble de la surprise.

— Chez mon père, répondit la jeune fille;

sa demeure touche à cet hôtel, où l'on nous a permis d'établir une porte de communication. Là, je m'appelais Jeanne... ici je me nomme Ernestine; et, si vous consentez toujours à notre hymen, je serai la plus heureuse des femmes, car je suis sûre d'être aimée pour moi seule.

Maurice eût dès lors cessé d'exister si le bonheur faisait mourir. Ernestine le prit par la main; ils descendirent deux étages, et bientôt ils entrèrent dans le salon du pair de France, où une dernière surprise attendait le poëte : M. Hermann, auquel on avait fait connaître l'amour des jeunes gens, avait quitté Lenoncourt pour revenir à Paris. Il avait pardonné.

Non loin de là se tenait un notaire, dressant le contrat de mariage, dont l'unique clause était que M. le comte d'Alfort donnait toute sa fortune à son gendre.

— Voici l'ange auquel j'ai dû le repentir! dit le père d'Ernestine, présentant la jeune fille à M. Hermann.

M. Coquebert et notre joyeux peintre assistaient à la scène touchante qui suivit cette réconciliation.

— Tu sauras que j'étais à la fois le complice de Jeanne et de mademoiselle d'Alfort, dit Emile à son cousin : ceci te donne la clef de bien des mystères.

— Et moi, dit le gros éditeur, j'étais le complice financier du comte. Jeune homme, vous pouvez maintenant faire de la poésie : vous avez cent mille livres de rente!

FIN.

TABLE DES MATIÈRES

	Pages.
Quelques mots de dédicace	5
Avant-propos	9

CHAPITRE PREMIER.

De quelle manière agréable M. le procureur Antoine de Sézanes lia connaissance avec sa nièce 17

CHAPITRE II.

Où l'auteur prouve, sans réplique possible, que les chaises de poste étaient un véhicule fort commode pour les demoiselles nobles qui ne voulaient pas entrer aux Ursulines 39

CHAPITRE III.

Danger de faire un sans-culotte, avant d'y être autorisé par la mode ou les circonstances 74

CHAPITRE IV.

Pages.

Pourquoi Joseph Brabançon se coiffa du bonnet rouge et prit un costume qui le rendait infiniment plus laid. . 103

CHAPITRE V.

Réapparition d'un personnage pour lequel le lecteur ne professe qu'une estime médiocre 129

CHAPITRE VI.

Où l'ancien procureur continue de jouer un rôle détestable 149

CHAPITRE VII.

Comment, sous la Terreur, on voyait guillotiner les autres, quand on n'était pas guillotiné soi-même. . . 181

CHAPITRE VIII.

Nouvelle preuve de la facilité que possède exclusivement l'écrivain de faire voyager ses lecteurs, sans qu'il en coûte un centime pour le voyage. 201

CHAPITRE IX.

Qui montrera combien les bourreaux sont peu flattés de subir le sort des victimes. 237

CHAPITRE X.

Pages.
Une scène tragi-comique dans les salons de Barras. . 261

CHAPITRE XI

Où l'on approche du dénouement de cette intéressante et curieuse histoire. 285

CHAPITRE XII.

Qui ne plaira ni aux démagogues de cette époque, ni aux romanciers qui fraternisent avec eux 309

L'ANGE DU REPENTIR

(NOUVELLE) 325

FIN DE LA TABLE DES MATIÈRES.

ŒUVRES NOUVELLES DE M. EUGÈNE DE MIRECOURT

LES VRAIS MISÉRABLES

2 volumes format jésus. Prix . . . . 6 fr.

LE PETIT-FILS
DE
PIGAULT-LEBRUN
RÉPONSE AU
FILS DE GIBOYER

1 volume format jésus. Prix . . . . 3 fr.

NOS VOISINS LES ANGLAIS

1 volume format jésus. Prix . . . . 3 fr.

LA BOURSE
ET LES SIGNES DU SIÈCLE

1 volume format jésus. Prix . . . . 3 fr.

Sous presse :

LA QUEUE DE VOLTAIRE

1 volume format jésus. Prix . . . . 3 fr.

Pour paraître prochainement :

LES CONTEMPORAINS

8 volumes format jésus. Prix . . . . 24 fr.

Paris, librairie. — Humbert, Imprimeur à Mirecourt.

www.ingramcontent.com/pod-product-compliance
Lightning Source LLC
Chambersburg PA
CBHW071858230426
43671CB00010B/1391